▶ 本书由北京市社科基金青年项目"数字时代下北京城市品牌形象定位及传播研究"、国家自然科学基金项目"爱恨交织，你愿意去旅游吗？——消费者敌意、善意和矛盾情感对消费者出国旅游决策的影响机制研究"（项目编号：71802005）、北方工业大学毓优人才培养计划项目"面向冬奥会的北京城市品牌建设研究"（项目编号：20XN189/015）、北京城市治理研究中心资助项目"新冠肺炎疫情与北京城市品牌管理研究"（课题号：20XN245）、北方工业大学青年拔尖人才项目"基于互联网的品牌创新研究"（项目编号：19XN135）、2019年"高创计划青年拔尖"项目（401053712008）、北方工业大学优势学科项目资助出版。

北京城市治理研究基地学术文库

数字时代下城市品牌形象定位及传播

杨一翁　王　琦／著

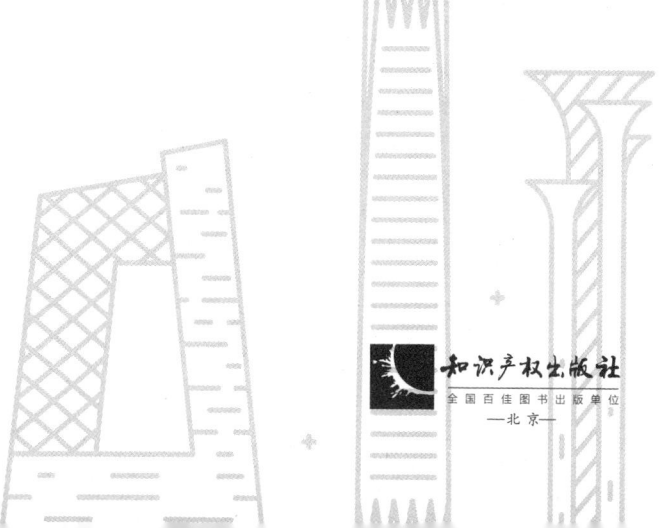

知识产权出版社
全国百佳图书出版单位
—北京—

图书在版编目（CIP）数据

数字时代下城市品牌形象定位及传播/杨一翁，王琦著．—北京：知识产权出版社，2020.5

ISBN 978-7-5130-6915-1

Ⅰ.①数… Ⅱ.①杨…②王… Ⅲ.①城市管理—品牌战略—研究 Ⅳ.①F292

中国版本图书馆 CIP 数据核字（2020）第 077372 号

内容提要

本书从城市品牌建设的受众角度，挖掘北京在国内外利益相关者眼中的真实城市品牌形象，找出"安全"与"教育"两个决定性维度，提出北京城市品牌形象定位可概括为"身安北京，春风化雨"8字真诀；在数字时代下，对当前抖音平台上城市品牌形象传播最为出色的5座"网红"城市（重庆、西安、广州、贵阳和南宁）进行案例研究，根据北京城市品牌形象定位，提出基于抖音平台的SAT北京城市品牌形象移动短视频传播"坐"字模型。

本书对数字时代下的城市品牌建设具有参考价值。

责任编辑：江宜玲　　　　　　　　　责任校对：王　岩
封面设计：博华创意·张冀　　　　　责任印制：刘译文

数字时代下城市品牌形象定位及传播

杨一翁　王　琦　著

出版发行：知识产权出版社有限责任公司	网　　址：http://www.ipph.cn
社　　址：北京市海淀区气象路50号院	邮　　编：100081
责编电话：010-82000860 转 8339	责编邮箱：jiangyiling@cnipr.com
发行电话：010-82000860 转 8101/8102	发行传真：010-82000893/82005070/82000270
印　　刷：三河市国英印务有限公司	经　　销：各大网上书店、新华书店及相关专业书店
开　　本：720mm×1000mm　1/16	印　　张：11.5
版　　次：2020年5月第1版	印　　次：2020年5月第1次印刷
字　　数：192千字	定　　价：58.00元
ISBN 978-7-5130-6915-1	

出版权专有　侵权必究

如有印装质量问题，本社负责调换。

前 言

本书源于我主持的一项北京市社科基金青年项目"数字时代下北京城市品牌形象定位及传播研究"（项目编号：17GLC068）。

当前，世界上各大城市对游客、人才和投资者的争夺日趋激烈。一座城市如何形成自己与众不同的特色，从而进入与占据游客、人才和投资者等利益相关者的心智？这就涉及城市品牌形象定位的问题。

很多城市提出了自己的定位，但这些定位普遍存在两方面问题：

第一，大多是从政府/城市品牌管理者的角度提出"规划的"城市品牌定位。这是一种典型的"由内向外"的思维，没有以城市品牌建设的受众——居民、消费者、游客、学生、人才和投资者等利益相关者为中心。这些利益相关者心智中的真实城市品牌形象到底是怎样的？只有基于这种"由外向内"的思维才能提出更深入人心、广为接受、持续可行的城市品牌定位。

第二，很多城市定位重复，使利益相关者难以辨识。例如，西安的城市定位之一是"世界文化之都"；南京的城市形象定位是"建设文化都市，并发展成为世界文化之都"；成都的城市战略定位之一为"世界文化名城"；重庆的定位之一是"国家历史文化名城"；北京的城市战略定位之一为"全国文化中心"；广州的城市定位之一也是"文化中心"；巴黎被誉为"世界文化艺术之都"；欧盟每年都会指定若干欧洲城市为"欧洲文化之都"；中日韩三国每年都会评选3个国家中各一座城市为"东亚文化之都"。很多城市都顶着"文化之都""文化名城"和"文化中心"的光环，这让利益相关者难以辨识、难以记忆、难以接受，这些千篇一律的城市品牌形象定位难以进入利益相关者心智。

本书研究北京城市品牌形象定位。利益相关者心智中真实的北京城市品牌形象是怎样的？哪些维度让利益相关者最重视、评价最高？哪些维度是北京城市品牌形象定位的决定性维度？它们是本书着力解决的核心问题。

笔者在天涯北京社区、Expat in Beijing 论坛和 the Beijinger 论坛上收集了大量国内外利益相关者的真实的、客观的评论数据，收集了超过 2000 份国内外利益相关者回答的有效问卷，并访谈了超过 1000 位利益相关者。数据分析结果表明："安全"与"教育"是北京城市品牌形象的决定性维度。围绕这两个维度，本书系统地提出了北京城市品牌形象定位钻石模型。在此模型中，"身安北京、春风化雨"的利益定位处于核心地位。

定位的提出仅仅是定位这一系统工作的开始，还需要将定位传播给利益相关者，让定位牢牢占据利益相关者的心智。

在数字时代下，市场营销发展到 4.0 阶段，使用社交媒体与目标顾客积极互动、共创价值，进行品牌传播越来越重要。抖音、快手等移动短视频 App 是近几年发展最为迅速的社交媒体。2019 年 1 月，抖音国内日活跃用户突破 2.5 亿，月活跃用户突破 5 亿。2018 年短视频营销市场规模达到 140.1 亿元，同比增长率高达 520.7%。然而，当前关于"移动短视频传播"与"移动短视频营销"的理论研究却凤毛麟角。

本书对当前抖音平台上城市品牌形象传播最为出色的 5 座"网红"城市（重庆、西安、广州、贵阳和南宁）进行案例研究，根据北京城市品牌形象定位，提出 SAT 北京城市品牌形象移动短视频传播"坐"字模型。

希望本书能够帮助北京市政府与北京城市品牌管理者把北京城市品牌建设得更好，让北京成为全球的"网红"城市，让居民、游客、学生、人才和投资者等利益相关者"身安北京、春风化雨"、更加幸福。

杨一翁

2019 年 6 月 24 日于北方工业大学经济管理学院

2019 年 8 月 8 日修订

目 录

第一章 绪 论 (1)

第一节 研究背景 (1)
一、现实背景 (1)
二、理论背景 (2)

第二节 研究问题 (3)

第三节 研究意义 (4)
一、理论意义 (4)
二、现实意义 (5)

第二章 文献综述 (6)

第一节 城市品牌研究 (6)
一、城市品牌的相关概念 (6)
二、城市品牌形象的维度 (10)
三、城市品牌形象的定位 (13)
四、城市品牌形象的传播 (16)
五、城市品牌形象对利益相关者的影响 (19)
六、对当前城市品牌相关文献的总体评述 (25)

第二节 理论基础 (27)

第三章 北京在中国人眼中的城市品牌形象 (30)

第一节 中国人对北京城市品牌形象的评分 (30)
一、研究方法 (30)
二、数据分析 (33)

第二节 中国人眼中的北京城市品牌形象各个维度的重要性 (36)
一、网络民族志研究 (36)
二、访谈研究 (58)

第三节 中国人眼中的北京城市品牌"重要性-评分"矩阵 (59)

第四节 研究结论与管理决策建议 (61)

第四章 北京在外国人眼中的城市品牌形象 (64)

第一节 外国人对北京城市品牌形象的评分 (64)
一、研究方法 (64)
二、数据分析 (67)

第二节 外国人眼中的北京城市品牌形象各个维度的重要性 (69)
一、数据来源 (70)
二、数据收集 (70)
三、各个维度的代表性帖子与回帖 (71)
四、数据汇总 (88)

第三节 外国人眼中的北京城市品牌"重要性-评分"矩阵 (92)

第四节 研究结论与管理决策建议 (93)

第五章 数字时代下北京城市品牌形象定位 (96)

第六章 数字时代下北京城市品牌形象传播 (99)

第一节 城市品牌形象传播的3个阶段 (99)

第二节 移动短视频营销概述 (100)
一、移动短视频营销的特点 (100)

二、移动短视频行业的3大环节与移动短视频营销的
　　　　3大要素 ·· (102)
第三节　城市案例分析 ··· (105)
　　一、移动短视频平台、营销传播方式和案例城市 ············· (105)
　　二、SAT城市品牌形象移动短视频传播模式 ···················· (109)
　　三、5个城市案例研究 ·· (110)
第四节　北京城市品牌形象移动短视频传播模式 ···················· (124)
　　一、城市案例研究总结 ··· (124)
　　二、北京城市品牌形象移动短视频传播模式图与
　　　　热门话题分析 ··· (126)
　　三、SAT北京城市品牌形象移动短视频传播
　　　　"坐"字模型 ·· (131)

第七章　北京城市品牌形象对利益相关者决策的影响 ········ (137)
第一节　研究假设与研究模型 ·· (137)
第二节　研究方法 ··· (139)
第三节　数据分析 ··· (139)
　　一、外模型 ·· (139)
　　二、内模型 ·· (143)
第四节　研究结论与管理决策建议 ··· (147)

第八章　结　论 ·· (150)

参考文献 ··· (154)

附录1　针对中国人的北京城市品牌形象调查问卷 ················ (163)

附录2　针对外国人的北京城市品牌形象调查问卷 ················ (168)

后　记 ··· (173)

第一章 绪 论

第一节 研究背景

一、现实背景

2014年2月,国家主席习近平在北京考察时提出,明确城市战略定位,坚持和强化首都全国政治中心、文化中心、国际交往中心、科技创新中心的核心功能,深入实施人文北京、科技北京、绿色北京战略,努力把北京建设成为国际一流的和谐宜居之都。2017年2月,习近平总书记在视察北京工作时再次指出,城市规划在城市发展中起着重要引领作用。北京城市规划要深入思考"建设一个什么样的首都,怎样建设首都"这个问题,把握好战略定位、空间格局、要素配置,坚持城乡统筹,落实"多规合一",形成一本规划、一张蓝图,着力提升首都核心功能,做到服务保障能力同城市战略定位相适应,人口资源环境同城市战略定位相协调,城市布局同城市战略定位相一致,不断朝着建设国际一流的和谐宜居之都的目标前进。

2017年9月,北京市出台了《北京城市总体规划(2016—2035年)》,该规划强调,北京的一切工作必须坚持全国政治中心、文化中心、国际交往中心、科技创新中心的城市战略定位;同时强调,建设国际一流的和谐宜居之都,是落实"四个中心"的有力支撑。

2018年2月,北京市市委书记蔡奇在接受新华社记者专访时表示,牢固确立首都城市战略定位,加强"四个中心"功能建设,提高"四个服务"水平,是首都发展的全部要义,也是首都职责所在。政治中心方面,主要是做好服务保障,以更大范围的空间布局来支撑国家政务活动,创造安全优良的政务环境。文化中心方面,主要是推进"一核一城三带两区"重点任务,做好首都文化这篇大文章。国际交往中心方面,要前瞻性地谋划并加强国际交往设施和能力建设。科技创新中心方面,就是要以"三城一区"为主平台,以中关村国家自主创新示范区为主阵地,推进具有全球影响力的科技创新中心建设,为建设创新型国家做出新的贡献。北京市领导在作 2017 年、2018 年和 2019 年《北京市政府工作报告》时,多次强调了北京城市战略定位的重要性。2019 年 1 月,北京市市长陈吉宁在作 2019 年《北京市政府工作报告》时强调要继续大力加强"四个中心"功能建设。

由以上可见,北京城市战略定位受到国家领导人、北京市政府和北京市领导的高度重视。从品牌角度看,此话题涉及北京城市品牌形象定位的问题。在中国人与外国人眼中,北京城市品牌形象是怎样的?这是进行北京城市品牌形象定位的基础。在当今数字时代下,如何科学地进行北京城市品牌形象定位?如何使用当前最为火热的移动短视频进行北京城市品牌形象传播?——这是本书将要着力探讨的核心问题。

二、理论背景

随着经济全球化的发展,世界上各个城市对游客、投资和人才等的竞争日趋激烈,城市品牌化研究随之兴起。本书将城市品牌化(city branding)定义为:将与某座城市相关的重要信息有目的地象征性表现出来,以创造围绕该城市的差异化联想,使得该城市能够被利益相关者所识别、区分和认同,从而提高该城市对消费者、游客、学生、人才和投资者等利益相关者的吸引力。

当前,城市品牌研究主要存在以下三方面不足:

第一,缺少理论基础(Oguztimur, Akturan, 2016)。很多研究是探索式的定性研究(Kotleret et al., 1993);大量研究使用案例研究法,分析某个城市的品牌化过程(Björner, 2013)。

第二,仅仅关注于某个利益相关者群体。城市品牌化与常见的产品品牌化的一个显著不同是城市品牌化涉及多方利益相关者(Merrilees et al., 2012; Oguztimur, Akturan, 2016),包括居民、消费者、游客、学生、人才和投资者等（Kotler et al.，1993），因此，基于利益相关者视角研究城市品牌非常重要（宋欢迎，张旭阳，2017）。很多研究仅仅关注某个利益相关者群体。例如，本地居民对本市的评价（Ahn et al.，2016），或者游客对某个城市旅游目的地的评价（Gómez et al.，2018）等，较少考虑多方利益相关者。尚未发现有研究全面地分析各方利益相关者眼中的北京城市品牌形象；也未发现有研究全面地分析中国人与外国人眼中的北京城市品牌形象。

第三，很少有文献研究在线城市品牌化。在当今数字时代，城市品牌应该更多地借助社交媒体进行营销。少量文献探索了城市官网对传播城市品牌的作用（Florek et al.，2006），但很少有研究探索如何使用当前发展最迅速的移动短视频进行城市品牌形象传播。

第二节 研究问题

针对上述三方面不足，本书主要进行以下三方面研究工作。

第一，将态度理论、利益相关者理论、IPA（重要性—绩效评价分析）理论、定位钻石模型和价值共创理论应用到城市品牌研究。基于态度理论，全面地分析北京的认知、情感和意动城市品牌形象；基于利益相关者理论，全面地分析北京在各方利益相关者眼中的城市品牌形象；基于IPA理论，找出北京城市品牌形象的决定性维度（最重要同时也是评价最高的维度）；基于定位钻石模型，系统地提出数字时代下北京城市品牌形象定位；基于价值共创理论，提出数字时代下北京城市品牌形象移动短视频传播模型。

第二，全面地分析北京在各方利益相关者眼中的城市品牌形象。从利益相关者与北京的关联情况来看，将利益相关者分为3类：确定型——本地居民；预期型——到访者；潜在型——未到访者（宋欢迎，张旭阳，2017）。从城市品牌对利益相关者的影响来看，把利益相关者分为5种：消费者、游客、学生、人才和投资者等（Kotler et al.，1993）。从利益相关者的国别来看，将利益相关者分为两类：中国人与外国人。从利益相关者的来源区域来看，将国内利益相关者的来源区域分为9个：北京、台湾、东北、华东、华北、华中、华南、西南和西北。从利益相关者来源国家的发展程度来看，将国外利益相关者的来源国家分为两种：发达国家与发展中国家。

第三，研究数字时代下北京城市品牌形象的定位与传播。在天涯北京社区（用户主要为关注北京的中国人）、Expat in Beijing（外国人在北京论坛）和 the Beijinger（北京人论坛）上收集数据，使用网络民族志方法进行研究，提出数字时代下北京城市品牌形象定位；对重庆、西安、广州、贵阳和南宁这5个使用移动短视频进行城市品牌形象传播较为成功的城市进行案例研究，提出数字时代下北京城市品牌形象移动短视频传播模型。

第三节　研究意义

一、理论意义

第一，本书将进一步补充、丰富和发展城市品牌理论。

一是基于"由外向内"的思维，从北京城市品牌建设的受众（相关中英文论坛的用户）的角度挖掘数据，分析北京城市品牌形象各个维度的相对重要性；全面地分析各方利益相关者眼中的认知、情感和意动北京城市品牌形象。

二是基于IPA理论与定位钻石模型，系统地确定北京城市品牌形象的决定性维度，从而提出北京城市品牌形象的定位。

三是提出北京城市品牌形象移动短视频传播模型，实现在城市品牌形象传播的过程中，多方利益相关者积极互动、共创价值、实现多赢。

四是全面地探索北京城市品牌形象对多方利益相关者（消费者、游客、学生、人才和投资者）的多种行为意向（购买意向，旅游意向，求学意向，居住、工作、生活意向和投资意向）的影响。

上述工作均是在城市品牌研究领域的新尝试。

第二，本书将进一步丰富与扩展经典理论在城市品牌研究领域的应用。

一是基于态度理论，不仅分析认知城市品牌形象，同时还分析情感城市品牌形象与意动城市品牌形象。

二是基于价值共创理论，提出在城市品牌形象移动短视频传播的过程中，与利益相关者积极互动、共创价值、实现多赢。

上述工作均是基于经典理论在城市品牌研究领域进行尝试性研究。

二、现实意义

在数字时代下,本书将为回答习近平总书记提出的"建设一个什么样的首都,怎样建设首都"的重要问题从品牌角度提供理论参考。

第一,更精准、更系统和更科学地确定数字时代下北京在各方利益相关者眼中一致性高、凝聚力强的城市品牌形象定位,这有利于北京城市品牌在当今全球激烈的城市品牌竞争中脱颖而出,进入与占据国内外利益相关者心智,为北京城市品牌的高效传播与打造强势北京城市品牌奠定坚实的基础。

第二,使用移动短视频,鼓励利益相关者积极主动参与北京城市品牌形象的互动传播、共创价值的过程,这有利于更广泛、更深度、更高效地传播北京品牌,引发利益相关者对北京品牌的积极反应,赢得利益相关者对北京城市品牌的共鸣,使北京城市品牌与利益相关者结成紧密的品牌关系。

第三,激发利益相关者积极主动参与北京城市品牌建设的热情,促使他们使用抖音等移动短视频社交 App 积极互动、共创价值、实现多赢;提高北京对海内外游客、投资者和高端人才等的吸引力,以及来自北京的品牌与北京特色产品对海内外消费者的吸引力,提升在京公司与北京品牌的竞争力。在 2022 年北京冬奥会即将来临之际,为把北京建成国际一流的和谐宜居之都提供借鉴。

第二章 文献综述

第一节 城市品牌研究

一、城市品牌的相关概念

城市品牌研究主要涉及3个核心概念：城市品牌化（city branding）、城市品牌（city brand）和城市形象（city image）。本书将对这3个核心概念的定义分别进行梳理，在此基础上提出城市品牌形象（city brand image）的定义。

1. 城市品牌化的定义

本书将现有文献中对城市品牌化的主要定义总结如表2-1所示。

表2-1 城市品牌化的定义

城市品牌化的定义	来源文献
让人们了解和知道某城市并将某种形象和联想与该城市的存在自然联系在一起，让它融入城市的每一座建筑之中，让竞争与生命和这个城市共存	Keller（1998）
以一种令人难忘的识别呈现某个城市的一种战略，能够快速传达城市核心价值的一种手段	Li，Zhao（2009）
将与某座城市相关的所有信息有目的地象征性体现出来，以创造围绕该市的联想	Lucarelli，Berg（2011）
品牌化城市经营指通过提高城市知名度和城市品牌价值，形成城市独特的品牌个性，并通过选择城市发展差异化路径，创造强势品牌城市或名牌城市来吸引投资者和消费者，从而促进城市经济发展的一种城市经营方式	任寿根（2003）

续表

城市品牌化的定义	来源文献
城市建设者分析、提炼、整合所属城市具有的独特的（地理、人造自然）要素禀赋、历史文化沉淀、产业优势等差异化品牌要素，并向城市利益相关者提供持续的、值得信赖的、有关联的个性化承诺，以提高城市利益相关者对城市的认同效应和满意度，增强城市的聚集效应、规模效应和辐射效应	张燚, 张锐（2006）
城市管理者利用城市所具有的独特的自然要素禀赋、历史文化角色、产业优势等差别化品牌要素，向目标受众提供持续的、值得信赖的、有关联的特别承诺，以提高受众对城市的反应效用，增强城市的聚积效益、规模效益和辐射能力	杜青龙, 等（2006）
通过一系列积极的城市品牌要素组合策略和管理方法的应用，赋予城市更多内涵，增加城市产品的吸引力，使得城市产品能够为城市顾客所识别和区分，进而达到塑造有价值的、美好的城市品牌的过程	钱明辉, 李军（2010）

如表2-1所示，综合现有文献的观点，本书将城市品牌化定义为：将与某座城市相关的重要信息有目的地象征性表现出来，以创造围绕该城市的差异化联想，使得该城市能够被利益相关者所识别、区分和认同，从而提高该城市对消费者、游客、学生、人才和投资者等利益相关者的吸引力。

2. 城市品牌的定义

为了更好地定义城市品牌，需要借鉴品牌（brand）的定义，本书将现有文献中对品牌与城市品牌的主要定义总结如表2-2所示。

表2-2 城市品牌的定义

城市品牌的定义	来源文献
品牌指：一个名称、术语、标识、符号或设计，或者是它们的组合，用于识别一个经销商或经销商群体的商品与服务，并且使它们与其竞争者的商品与服务区别开来	美国市场营销协会（AMA）
利益相关者对一座城市的评价的总和	Kotler et al.（1999）
城市顾客对城市利益相关者的集体行动与价值观的感知	Vallaster et al.（2018）
在商品经济和市场经济条件下，一个城市历史文化、地理资源、经济技术等要素被社会公众广泛认同的某种最具典型意义的称谓	李成勋（2003）
城市长期积淀起来的社会公众对它的稳定印象和整体评价的集中表现	黄江松（2004）

续表

城市品牌的定义	来源文献
一座城市向其目标公众所展示和传达的能表现其城市核心价值、核心定位和核心特色的名称、术语、标记或符号	孙丽辉，史晓飞（2005）
目标受众关于一个城市整体印象和概念的总和，不仅指城市的名称、标识和格言，还包括其物理属性、文化内涵、历史特征与核心价值，以及人们对于其可能提供的功能与服务的质量的期待等	刘东锋（2008）

如表2-2所示，综合现有文献的观点，并借鉴美国市场营销协会（AMA）对品牌的定义，本书将城市品牌定义为：一个名称、术语、标识、符号或设计，或者是它们的组合，用于识别一座城市的核心价值、核心定位和核心特色，并且使该城市与其他城市在利益相关者心智中区别开来。

3. 城市形象的定义

为了更好地定义城市形象，需要借鉴地方形象（place image）的定义，本书将现有文献中对地方形象与城市形象的主要定义总结如表2-3所示。

表2-3 城市形象的定义

城市形象的定义	来源文献
地方形象指：人们对某个地方的信念、理想和印象的总和	Kotler et al.（1993）
城市发展理念、城市文化和城市精神的体现，是通过城市视觉系统、城市行为系统的综合识别，让人们根据一定规则对城市的个性、特性和其他相关信息进行的感知和评价	周常春，等（1998）
一座城市在公众心目中的基本印象或感觉意识，是公众对一座城市的总体评价	王续琨，陈喜波（2001）
人们对城市的综合印象和观感，是人们对城市价值评判标准中各类要素如自然、人文、经济等形成的综合性的特定共识	万敏，郑加华（2001）
公众对一个城市的整体印象与综合评价	陈永新（2003）
一个城市的内外公众对这个城市总体的、抽象的、理性概括和评价，也是城市与公众、城市与城市之间传递信息和思想的外在形式，它既是指构成城市的各种因素的总和的外在表现，又是指城市公众对城市的看法和评价；它既有物质因素，也有精神因素；同时它不仅包括公众对城市现状的评价，也包括人们对城市发展趋势产生的看法和做出的评价	沈建华，肖锋（2004）

续表

城市形象的定义	来源文献
人们对城市的某一个地点或者整个区域的总体印象和评价	钱志鸿，陈田（2005）
城市内在特色的外在艺术表现，集中反映出城市整体的素质、品位和文化	李广斌，等（2006）
城市的历史文化积淀、城市风貌和城市居民精神状态等给人的综合性感觉	朱惊萍，董小麟（2007）
城市形象是一个城市之外的社会公众对该城市的经济社会发展及城市环境特色的概括性认识	覃成林（2009）
构成城市的各种要素之总和以及城市在公众心目中的总体印象及其实际评价，是城市性质、功能和文明的外在表现	陈晞，等（2010）
城市内外公众对城市总体的、抽象的、概括的认识和评价	李东进，等（2010）
一个城市传递给社会大众的基本形象感知	郑国（2010）
人们对城市发展的客观形势的主观反映，是人们对一个城市的物质景观、基础设施、经济发展形势、社会面貌、政治表达及历史文化做出的总体分析和全面评价	陶建杰（2011）
城市所具有的自然的或社会人文特征在公众心中的总体印象，并且形成公众对城市核心概念的联想	叶巍岭，周南希（2011）
城市给予人们的综合印象和感观，是一个城市内在涵养的外在表现样式	熊铮铮（2012）
城市的诸多组成要素通过长期的传播留给人们的印象	赵士林（2012）
反映人与城市的心理关系，是城市的客观状态在公众舆论中的投影，即社会公众对该城市的印象、看法、态度、评价等的综合反映	周萍（2013）
城市的名片，是某座城市给人的总体印象和感受	杨云（2015）
许多人意象复合而成的公众意象	邱硕（2016）
人们对城市的主观看法、观念及由此形成的可视具象或镜像	李鲤，田维钢（2017）
在选择性和创造性信息整合过程后对某城市形成的心理表征	黄海燕，康逸琨（2018）

如表2-3所示，综合现有文献的观点，并借鉴地方形象的定义（Kotler et al.，1993），本书将城市形象定义为：利益相关者对某座城市的信念、感知、理想、印象、评价和态度的总和。

4. 城市品牌形象的定义

综上所述，本书将城市品牌形象定义为：城市品牌对外的表现形式，是利益相关者对城市品牌的信念、感知、理想、印象、评价和态度的总和。

二、城市品牌形象的维度

1. 认知、情感和意动城市品牌形象

城市品牌形象为某种"形象",反映人们的主观态度(王长征,寿志钢,2007)。根据 ABC 态度模型(Solomon,2018),态度由认知(cognition)、情感(affect)和行为(behavior)3 种成分构成。认知指:消费者对某个态度对象所持有的信念。情感指:消费者对该态度对象的感觉。行为指:消费者对该态度对象采取行动的意向或实际行动。

根据 ABC 态度模型,学者们将城市品牌形象分为 3 种:认知城市品牌形象、情感城市品牌形象和意动城市品牌形象(Agapito et al.,2013;Smith,2015;邓宁,等,2018;黄海燕,康逸琨,2018)。

借鉴 ABC 态度模型,并结合前文关于城市品牌形象的定义,本书将认知城市品牌形象(cognitive city brand image)定义为:利益相关者对某个城市品牌所持有的信念,是利益相关者对该城市品牌的理性评价。

本书将情感城市品牌形象(affective city brand image)定义为:利益相关者对某个城市品牌的感觉,是利益相关者对该城市品牌的感性评价。

本书将意动城市品牌形象(conative city brand image)定义为:利益相关者对某个城市品牌想要采取的行为意向,如城市特色产品购买意向,旅游意向,求学意向,居住、工作、生活意向和投资意向等。

2. 认知城市品牌形象的维度

大部分关于城市品牌形象的维度的现有文献其实是在探索认知城市品牌形象的维度,本书将主要文献的观点总结如表 2-4 所示。

表 2-4 认知城市品牌形象的维度

认知城市品牌形象的维度	来源文献
安全、环境、气候、生活成本、健康保健、教育、交往、文娱、交通与基础设施、治理、职业选择与就业、政治经济地位、居住、产品服务、科技创新、商业优势	Larsen(2014);Larsen(2015);Larsen(2018)
都市风格与多样性、自然与娱乐、工作机会、成本效益	Zenker et al.(2013)

续表

认知城市品牌形象的维度	来源文献
文化质量、国际化水平、环境质量/城市设计、社会服务质量、医疗保健质量、教育结构质量、工作/就业机会质量、安全水平、旅游供给水平	Noni et al. （2014）
对于居民：市政工程设施、娱乐、安全和公共服务；对于游客：旅游与娱乐、安全、公共服务、休闲与娱乐	Gilboa et al. （2015）
资源形象、空间形象、人口形象和机会形象	张忠国，陈翔宇（2008）
自然风貌、建设风貌、人文风貌、制度环境、产品和服务行业形象、科技形象、机构和人员形象	朱辉煌，等（2009）
现代建筑、水、多元文化、工作环境、国际化、活力、文化艺术、事件、购物、夜生活、舒适性和安全性	王山河，陈烈（2010）
存在度、生态环境、基础设施、政府管理、居民、活力、潜力、传播	宋欢迎，张旭阳（2017）
人物、自然、交通/设施、活动、建筑类、文化、场所/地域	邓宁，等（2018）
现代的－传统的、国际性的－区域性的、自然的－人工的	黄海燕，康逸琨（2018）

如表2-4所示，关于认知城市品牌形象的维度，学者们各有各的观点。其中，Larsen（2015）综合众多文献与各种城市品牌评价体系，使用扎根研究法，提出城市品牌由16个维度组成，这是较全面的。

由于现在各大城市品牌要在国际上竞争，国际化水平对某个城市品牌越来越重要，很多研究也强调了国际化这一个维度的重要性（Noni et al.，2014；王山河，陈烈，2010；黄海燕，康逸琨，2018）；同时，北京市的"四个中心"城市战略定位中包括了"国际交往中心"，而建设国际一流的和谐宜居之都，是落实"四个中心"的有力支撑。因此，本书在Larsen（2015）的研究的基础上，补充"国际化"这一个维度，提出认知城市品牌形象包括17个维度：安全、环境、气候、生活成本、健康保健、教育、交往、文娱、交通与基础设施、治理、职业选择与就业、政治经济地位、居住、产品服务、科技创新、商业优势、国际化。

3. 情感城市品牌形象的维度

少量文献探索了情感城市品牌形象的维度。情感城市、目的地和国家形象的文献主要是基于地方情感特质（affective quality of places）的研究（Russell, Pratt, 1980）。本书将相关概念代表性文献的观点总结如表2-5所示。

表 2-5 情感城市品牌形象的维度

构念	维度	来源文献
地方情感特质	令人激动的-令人困倦的、兴奋的-沮丧的、愉快的-不愉快的、令人轻松的-令人苦恼的	Russell, Pratt (1980)
情感目的地形象	不愉快的-愉快的、令人沮丧的-令人兴奋的、令人困倦的-令人激动的、令人苦恼的-令人轻松的、消极的-积极的、无乐趣的-有乐趣的、招人讨厌的-讨人喜欢的、无聊的-开心的	Stylos et al. (2016)
	不愉快的-愉快的、无聊的-刺激的、生理/心理不适-生理/心理状态好、苦恼的-轻松的、冷淡的-兴奋的	Becken et al. (2017)
	令人愉快的、令人激动的、令人轻松的、兴奋的、不愉快的、沮丧的、令人困倦的、令人苦恼的	Mak (2017)
情感国家形象	令人愉快的、友好的、安全的、可信赖的	Elliot et al. (2011)
	喜欢-不喜欢、信任-不信任、给我信心-没有给我信心、赞赏-不赞赏、没有让我恼火-让我恼火、激起良好的感觉-激起不好的感觉	Alvarez, Campo (2014)
	爱好和平的、友好的、合作的、可爱的	Li et al. (2014)
	令人不愉快的-令人愉快的、不友好的-友好的、不安全的-安全的、不可信赖的-可信赖的	Lindblom et al. (2018)
情感城市形象	令人振奋的、兴奋的、令人愉快的、令人放松的、沮丧抑郁的	邓宁，等 (2018)
	开朗的-悲观的、激动人心的-平淡的、愉快的-不愉快的、放松的-痛苦的	黄海燕，康逸琨 (2018)

如表 2-5 所示，情感目的地形象、情感国家形象和情感城市形象的维度大多是基于地方情感特质（Russell, Pratt, 1980）。综合这些研究，本书提出情感城市品牌形象包括 8 个维度：不愉快的-愉快的、令人沮丧的-令人兴奋的、令人困倦的-令人激动的、令人苦恼的-令人轻松的、痛苦的-幸福的、无趣的-有趣的、招人讨厌的-讨人喜欢的、无聊的-开心的。

4. 意动城市品牌形象的维度

如前所述，意动城市品牌形象指：利益相关者对某个城市品牌想要采取的行为意向。城市品牌化的利益相关者包括：居民、消费者、游客、学生、人才和投资者等（Kotler et al., 1993）。因此，本书提出意动城市品牌形象包括 5

个维度：购买意向，旅游意向，求学意向，居住、工作、生活意向和投资意向。

三、城市品牌形象的定位

1. 城市品牌形象定位的定义

为了更好地定义城市品牌形象定位，需要借鉴定位（positioning）的定义，本书把定位与城市品牌形象定位（city brand image positioning）的定义总结如表2-6所示。

表2-6 城市品牌形象定位的定义

定义	来源文献
定位指：如何让你在你的潜在顾客心智中与众不同	Ries，Trout（2001）
是建立在一个满足与目标市场需要有关的独特城市品牌形象建设过程	黄蔚（2005）
让城市在目标受众心目中占据一个独一无二的位置	李东升，李中东（2005）
一座城市区别于其他城市在既定时期城市形象建设所确立的基本目标	沈山，等（2005）
确定在某一时期内期望在城市的内部公众与外部目标公众心目中形成一个具有某些鲜明个性特征与优势的城市品牌印象	樊传果（2006）
城市为获得最佳的发展，实现最大化的收益，树立良好的城市形象，根据自身的历史发展、现实条件、所处的竞争环境及其动态变化，确定自身的发展目标、在全球经济中扮演的角色和竞争的位置	周朝霞（2006）
将城市放在目标市场中给它一个独特的位置，由此而形成城市鲜明的个性品牌	朱惊萍，董小麟（2007）
在综合分析的基础上，对城市形象未来的发展方向和目标做出定位，是城市理念的具体体现，是城市形象设计工程的灵魂和核心	杨妮，等（2010）
从城市长期发展战略出发，在充分挖掘城市现有资源优势的基础上，把城市的历史、现状和未来发展方向紧密结合，对城市形象建设的目标和方向进行定位	王莉（2012）

如表2-6所示，综合现有文献关于城市品牌形象的定义，并借鉴定位的定义（Ries，Trout，2001），本书将城市品牌形象定位定义为：如何让某座城市的城市品牌形象在利益相关者心智中与众不同？

2. 城市品牌形象定位的探索性研究

郑胜华、刘嘉龙（2002）从区位条件，休闲资源、场所和设施，人文历史、经济发展、社会进步，以及深植于民众之中的大众休闲意识与旺盛的消费能力5个方面进行论证，提出杭州"世界休闲之都"的定位。

李东升、李中东（2005）提出烟台的城市品牌定位应从实施可持续发展的角度出发，结合在半岛制造业基地构建中所扮演的角色以及自身的区域空间、人文和自然环境，塑造"面向全国、辐射东北亚，充满浓厚乡土气息的食品城"的城市品牌定位，最终实现烟台的协调发展。

刘湖北（2005）依据南昌独有的历史文化资源，提出南昌的城市品牌定位为"现代军都"。

沈山等（2005）对1990年以来南京的城市发展定位进行了概述，依据区域位置、文脉传承、文化节庆、居民性格、文化特质、文化教育和经济载体，提出南京市的城市品牌形象定位为"世界文化之都"。

樊传果（2006）提出，要结合城市形象发展战略，准确地进行城市品牌形象定位。要做好城市品牌形象定位，关键是要把握住4个原则：突出个性原则、市场导向原则、公众认同原则和现实可行原则。

王晖（2006）提出城市品牌形象定位包括：档次定位、利益定位、消费者定位、感情定位、文化定位和个性定位；在考虑包头市的资源优势、薄弱环节、发展机遇，以及投资者、创业者和居住者期望的目标的基础上，提出包头市的城市品牌定位为"北方的中都，财富的中心"，并提出包头市城市品牌三角定位模式。

周朝霞（2006）基于哲学视角、营销定位视角、公共关系视角、城市竞争力视角和建筑规划视角的多维视角，根据这5种视角形成的5个定位纬线，提出温州的城市品牌形象定位为"民营活力之城"。

覃成林（2009）指出了澳门"东方的蒙地卡罗"与"亚洲的拉斯维加斯"这两个"赌城"城市品牌形象定位的负面效应，基于体现澳门的产业优势及发展方向、展示澳门的文化品质、体现澳门城市功能定位和改变"赌城"形象的负效应这4个原则，提出"欢乐刺激、活力迸发的旅游体验之都；中西荟萃、多元和谐的历史文化名城"的新的澳门城市品牌形象定位。

上述研究主要是探索性地提出城市品牌形象定位的依据、原则、类型和视角等，并提出杭州、烟台、南昌、南京、包头、温州和澳门等城市的城市品牌形象定位。然而，这些文献并没有进行系统的城市品牌形象定位工作。此外，这些文献大多是从政府/城市品牌管理者的角度提出"规划的"城市品牌形象定位，这是一种"由内向外"的思维，然而定位讲究"由外向内"思维（Ries，Trout，2001），利益相关者心智中的真实城市品牌形象是怎样的？——此问题有待进一步解答。

3. 城市品牌形象定位的系统性研究

Larsen（2015）指出，明确城市品牌形象的维度结构是进行城市品牌形象定位的起点。Larsen（2015）通过对14个城市排名指数的473项指标的扎根分析，确定了37个项目类别；通过一个扎根理论文本验证过程，提出了城市品牌形象的16个维度：安全、环境、气候、生活成本、健康保健、教育、交往、文娱、交通与基础设施、治理、职业选择与就业、政治经济地位、居住、产品服务、科技创新、商业优势。以此为基础，Larsen（2018）使用网络民族志方法，选择Shanghaiexpat.com与Shanghaistuff.com两个网站作为研究对象，统计分析在这两个网站中所有涉及城市品牌的16个维度的帖子数、成员数和回帖数，确定16个维度的相对重要性，发现对于上海而言，"邂逅"这个维度最为重要，因此建议上海围绕"邂逅"制定城市品牌定位。然而，Larsen（2018）并没有分析利益相关者对"邂逅"这个上海城市品牌形象的最重要维度的评价；本书在研究北京城市品牌形象定位时，试图弥补这一遗憾。

张燚等（2009）运用扎根理论研究方法，对反映重庆历史特点、现实优势与发展趋势的资料记录进行开放性译码分析，最终从资料中抽象出28个概念和8个范畴。在主轴译码阶段得到5个主范畴，分别为中国文化名城、中国美食之都、国际山水旅游之都、西部时尚之都、中国品牌之都。最后通过对范畴和主、副范畴的深入分析，同时结合原始资料记录进行互动比较、提问，得出用"激情之都"这一核心范畴来定位重庆的城市形象。在此基础上，就重庆城市形象定位为"世界激情之都"，向政府相关部门、专家学者和市民进行了认同度调查与分析。大部分政府相关部门、专家学者和市民认可重庆"世界激情之都"的定位，对少数分歧进行了解释与澄清。

杨妮等（2010）运用扎根理论，以非著名城镇——潼关作为研究对象，以搜集到的现实资料和问卷调查资料为数据基础，然后通过对上述数据进行开放性译码分析、主轴译码分析、选择性译码分析，对潼关的城市形象进行了实证研究。研究表明：潼关的城市形象可归纳概括为17个概念、5个副范畴和3

个主范畴，最后提出潼关的城市品牌形象定位为"千古雄关、华夏金城"。

李旭轩（2013）基于定位钻石模型，分析了广西壮族自治区梧州市的城市定位。第一步为找位，确定目标市场为：粤、港、澳投资者。第二步为选位，梧州市城市营销价值定位的口号应该确定为："完善的基础设施、优质的基础服务，让您有投资，就有回报。"第三步为到位，一是要加强城市基础设施建设和完善基础设施服务，为投资者提供便利的软硬件环境；二是要做好城市品牌营销宣传。

少量文献使用扎根理论与网络民族志等研究方法，或者是基于定位钻石模型，对上海、重庆、潼关和梧州的城市品牌形象定位进行了较系统的研究。然而，这些研究主要是基于认知城市品牌形象的维度进行城市品牌形象定位，而忽视了情感城市品牌形象的维度。此外，尚未发现有文献对北京的城市品牌形象定位进行系统性研究。

四、城市品牌形象的传播

1. 城市品牌形象的单向传播策略

（1）广告。上海的城市品牌形象定位为"国际金融中心"，叶巍岭、周南希（2011）从广告效果空间论角度，对上海现有的4部城市形象广告进行了受众认知和态度效果的比较，并引入中外受众所代表的不同涉入度作为调节变量。基于实证研究结果，提出3条"国际金融中心"的上海城市品牌形象广告传播建议：一是在"国际金融中心"城市品牌形象认知效果方面而言，广告内容的元素比较重要，可以使用标准化广告在中外投放；二是考虑认知效果，如果使用名人代言策略，就必须注意名人与城市形象目标的匹配度，低匹配度的名人代言会影响广告目标的达成；三是从广告态度的角度来说，用普通老百姓表现广告比名人代言效果更好，但是中外对情节性和元素呈现型的广告态度有差异。

罗哲辉（2015）提出户外创意广告作为城市品牌形象与文化的重要载体，有助于展现城市景观风貌和人文内涵，丰富居民生活，完善城市服务功能，对提升城市品牌形象与城市核心竞争力具有重要意义。主要有3方面关于城市品牌形象的户外创意广告传播策略：一是以人为本的户外情趣创意；二是以人为本的户外生活创意；三是以人为本的户外绿色创意。

(2) 宣传片。曹毅梅（2013）指出，城市形象宣传片是城市品牌形象传播的重要手段。城市品牌形象宣传片的主题定位应遵循4个原则：一是符合城市整体规划方针；二是服务预期宣传效果；三是凸显城市精神与文化；四是尊重历史，实事求是。城市品牌形象宣传片可以从历史文化、现代文明、山水风光和民俗民风四个方面来选取题材。

李鲤、田维钢（2017）提出通过城市形象宣传片来传播城市品牌形象，并提出了4种策略来提高对城市形象宣传片的认同效果：①文化策略：可识别的符号；②叙事策略：共识性话语；③受众策略：关系的视角；④媒介策略：创新与扩散。

(3) 影视剧。杨云（2015）提出在影视剧中策略性地植入能够承载城市文化和城市风貌的意象，可以实现城市形象的高效传播，这也是作为目前最为强势的传播媒介的影视剧对于城市形象传播的巨大推动作用。为了进一步挖掘城市形象精神内涵，充分地发挥其传播功效，一是要积极主动地调动大众传媒宣传与城市形象相契合的影视剧；二是影视剧应尽量以生活化、平民化的视角展现城市精神风貌，构建城市形象。

(4) 节事活动。节事活动，即节日与特殊事件。刘湖北（2005）建议围绕南昌"现代军都"的城市品牌形象定位，通过国际军乐节进行传播。

李宗诚（2007）针对目前国内城市的节事活动传播中存在的问题，提出了提高节事活动对城市形象传播效果的4种策略：新闻中心传播策略、系列化传播策略、创新传播策略和目标市场化传播策略。

(5) 官方网站。文春英等（2014）以中国部分城市的旅游官方网站为文本，研究历史元素在城市品牌形象定位与传播的过程中是如何被使用的。研究发现，中国城市的自身定位与城市历史长短并无显著关系，多数城市也更多采用了历史建筑景点、旅游线路这样的产品化方式，在这些历史产品体现的文化价值中，历史价值最为突出，社会价值则很少体现。

(6) 整合营销传播。樊传果（2006）提出，搞好城市品牌形象的整合营销传播，要做好以下几方面工作：一是结合城市形象发展战略，准确地进行城市品牌形象定位；二是系统拟定城市品牌形象广告传播的信息策略，保持信息的一致性；三是整合中运用各种营销传播手段塑造城市品牌形象。

刘路（2009）提出城市品牌形象的整合营销传播策略：一是整合电视、

报纸、互联网、户外广告和辅助手段等营销传播渠道；二是整合节日与特殊事件；三是整合节庆资源、知名品牌、旅游资源和名人明星等独特的营销传播资源。

徐颖（2012）提出"汽车城"城市品牌形象的整合营销传播策略：一是要广泛地发动城市公众与其他利益相关者，使传播主体多元化；二是将"汽车城"城市品牌形象资源的多种资源要素整合到"汽车城"形象传播的内容中；三是选择合适的传播受众，阶段化传播层次；四是选择合适的传播渠道（电视、广播、报纸和网络媒体等）。

周萍（2013）围绕"爽爽的贵阳——中国避暑之都"的贵阳城市品牌形象定位，提出了贵阳城市品牌形象的节事传播策略、文化传播策略和整合营销传播策略。

现有文献探索性地提出了城市品牌形象的单向传播策略（政府/城市品牌管理者→受众），可以整合的城市品牌形象传播渠道有：广告、宣传片、影视剧、节事活动和官方网站等。在当今数字时代下，市场营销发展到4.0阶段（Kotler et al.，2017），使用社交媒体与受众积极互动、共创价值，进行品牌传播越来越重要（Gretry et al.，2017）。相比于传统媒体，使用社交媒体进行品牌传播有三大优势：一是免费；二是受众更广泛；三是信息传递是双向的，信息发送者与接收者互动频繁、共创价值（Mak，2017；Zhou，Wang，2014）。由于移动通信网络的发展与流量费的降低、内容生产门槛低和更好地满足人们对碎片化信息的需求等原因（张琳，2017），抖音、快手等移动短视频App成为近两年发展最为迅速的社交媒体App。2019年1月，抖音总裁张楠表示，抖音国内日活跃用户突破2.5亿，月活跃用户突破5亿。如何使用移动短视频与多方利益相关者互动、共创价值、实现多赢，进行城市品牌形象的整合营销传播？——此问题有待进一步解答。

2. 城市品牌形象的双向传播策略

侯德林等（2012）构建了城市品牌形象传播的流媒体视频信息服务集成框架，并对城市品牌形象流媒体服务的服务平台构建及赢利策略进行了探讨，提出了构建城市品牌形象流媒体视频资源仓库来对流媒体信息资源进行整合，并对流媒体视频资源的分类原则和标准进行了探讨和分析。

胡鸿影（2013）提出基于微博模式的城市品牌形象传播策略为：一是明

确城市微博营销中、长期战略目标，适时调整营销策略，对传播效能做出科学评估，使之切实肩负起塑造城市品牌形象的重任；二是在微博营销的内容上，策划用户喜闻乐见的话题板块，以新颖、犀利、跳跃、幽默、亲切的不同语言风格和图文并茂、生动活泼的表现形式，使所传播的内容融入城市精神，披露的信息具有权威性、独家性和连续性，进而提升用户参与度和粉丝活跃度；三是在注重微博营销关系互动、焕发运营能力的同时，完善舆论监督制度，提高舆论引导能力，建立政府职能部门对舆论监督的快速反应机制，以保证对微博营销危机的成功应对。

吴奇凌（2013）以贵州省遵义市为例，研究应用数字电视、移动电视、LED 屏、数字广播、数字报刊、手机和互联网等新媒体进行城市品牌传播的策略，提出利用新媒体塑造和传播城市品牌形象应采用媒介整合、隐性传播、第二传播、分众传播等策略，融合多种传播方式，追求良好传播效果的实现。

少量文献探索了城市品牌形象的双向传播策略。然而，这些文献并没有提出针对某座城市的具体的、可操作的城市品牌形象的双向传播模式。目前还没有文献研究如何使用移动短视频与利益相关者积极互动、共创价值、实现多赢。

五、城市品牌形象对利益相关者的影响

1. 城市品牌形象对消费者购买决策的影响

李东进等（2007）以上海与郑州为原产地，以品牌知名度为调节变量，用实证方法研究了城市品牌效应的存在性。研究结果发现，上海的城市品牌形象显著地好于郑州的城市品牌形象；消费者对来自城市品牌形象好的城市产品评价高，对来自城市品牌形象差的城市产品评价低；品牌知名度低，消费者对来自不同城市的产品评价存在显著差异，城市品牌形象对知名度低的品牌的影响要高于知名度高的品牌。

李东进等（2010）以天津和上海为例，在北京、宁波、杭州、太原和保定 5 个城市进行了实证调查。研究结果发现，天津和上海的城市品牌形象确实存在显著差异，上海的城市品牌形象好于天津。城市品牌形象好，产品功能性评价高；地区形象差，产品功能性评价低。城市品牌形象好，产品象征性评价高；城市品牌形象差，产品象征性评价低。城市品牌形象好，购买意向高；城

市品牌形象差，购买意向低。

2. 城市品牌形象对游客旅游决策的影响

（1）城市旅游目的地形象对游客旅游决策的影响。杨杰等（2011）以重庆市民对上海旅游形象感知为例，研究熟悉度对旅游形象感知行为的影响。提出以熟悉度作为前因变量，认知形象与情感形象作为中介变量的旅游形象感知行为模型，并以重庆市民对上海旅游形象感知为例进行实证研究。研究结果表明：对于旅游意向影响最大的因素首先是熟悉度；其次为认知旅游形象与情感旅游形象。

李玺等（2011）以旅游目的地形象测量问卷（Echtner，Ritchie，1993）为基础，并对其进行调整形成最终的调研工具，然后以商务游客为研究对象进行非结构化形象感知数据的获取，并借助内容分析法来处理非结构化形象测量的信息。研究结果表明，访澳商务人士对澳门旅游形象的总体感知为：集聚博彩娱乐、各类节庆活动和特色美食的休闲小城，拥有欧式文化和美丽古朴的城市景观。居民态度、交通设施以及经济发展态势等形象要素的正面感知会令旅游者更愿意推广澳门旅游。餐饮产品、社会文化氛围以及政治历史等形象要素的正面感知会对旅游者推广澳门旅游的意愿有帮助。而社会文化与氛围、自然资源与环境以及服务质量的负面感知会增强旅游者不推荐他人来澳门旅游的意愿。

陆书（2013）以来杭州的台湾游客作为研究对象，探讨了旅游目的地形象对游客满意度及重游意愿的影响机理。运用结构方程模型分析了旅游目的地形象3个维度（景观形象、设施形象和服务形象）对游客满意度与重游意愿的直接影响和间接影响。实证结果表明：景观形象与服务形象直接影响游客满意度，而设施形象不显著影响游客满意度；游客满意度直接影响重游意愿；景观形象不仅直接影响重游意愿，而且通过游客满意度间接影响；服务形象对重游意愿存在完全中介效应；设施形象直接影响重游意愿。

郭安禧等（2015）以厦门市为例实证研究了目的地形象对感知吸引力及重游意向的影响。研究结果表明：情感形象、总体形象以及认知形象中的目的地品牌、自然和文化维度对感知吸引力有显著正向影响；情感形象、总体形象以及认知形象（包括目的地品牌、自然和文化、接待环境、休闲娱乐4个子维度）中的目的地品牌、自然和文化维度通过感知吸引力对重游意向产生间接影响；认知形象中的接待环境维度对感知吸引力没有显著正向影响，但对重游意向有显著直接正向影响；目的地品牌、情感形象、总体形象对感知吸引力的影响以及感知吸引力对重游意向的影响在不同的市场中表现出良好的恒定性。

刘卫梅、林德荣（2018）在"认知－情感－态度－行为"理论的基础上，以厦门市为研究对象，通过结构方程模型就旅游城市形象、情感联结、目的地态度对潜在旅游者旅游意愿的影响进行了分析。研究结果表明：潜在旅游者与旅游城市的情感联结显著正向影响其旅游意愿；旅游城市形象对旅游者的旅游意愿具有显著正向影响；通过情感联结对旅游者旅游意愿的间接影响优于其对旅游者旅游意愿的直接影响；情感联结对旅游者旅游意愿的直接效应是旅游城市形象对旅游者旅游意愿效应的近两倍。据此认为，情感联结在旅游者目的地选择中具有十分重要的作用。

杨妮等（2015）以西安市为例，研究城市旅游形象与游客行为意愿的关系。从国内现实游客感知视角出发，以市场调查资料为基础，运用SPSS与AMOS等软件，提取出西安市旅游形象的5个构成维度（旅游业发展水平、旅游核心吸引物形象、旅游人文环境形象、旅游自然环境形象、旅游科技形象），继而运用结构方程模型构建了西安市旅游形象与游客行为意愿的关系结构模型。研究结果表明：城市旅游形象构成因子对游客行为意愿有着重要影响；在研究所得的5个形象维度中，旅游核心吸引物形象对游客行为意愿的影响最强；旅游科技形象对游客行为意愿的影响最弱。

上述研究以上海、澳门、杭州、厦门和西安等城市为例，实证检验了城市旅游目的地形象对游客旅游意向的影响机制。其中较普遍的影响路径是：认知城市旅游目的地形象→情感城市旅游目的地形象→游客旅游意向。

（2）城市形象与赛事形象对游客旅游决策的共同影响。Huang等（2015）以上海国际马拉松赛为例，研究在马拉松旅游中，形象一致性、游客满意度和重游意向之间的关系。使用问卷调查法，在上海国际马拉松赛的起点处4个地理位置接近的不同地点，面向来自上海市以外的中外参赛者收集数据，共收集了254份有效数据。研究结果表明：在马拉松旅游的情境下，情感形象一致性与认知形象一致性均对游客满意度与重游意向有正向影响；游客满意度不仅对重游意向有直接影响，还对形象一致性与重游意向之间的关系起显著的中介作用；人口（家庭收入）与行为特征（过去对马拉松旅游的体验）对重游意向有显著影响；过去对马拉松旅游的体验控制着形象一致性与旅游满意度之间的关系。

黄海燕、康逸琨（2018）以两大国际大型体育赛事（世界一级方程式大奖赛和ATP1000网球大师赛）为研究对象，基于外地观众满意度和重游意愿的视角，探讨体育赛事和举办城市形象契合度对观众满意度和重游意向的作用。研究结果表明：体育赛事与举办城市情感形象契合度、认知形象契合度正面影响游客满意度，游客满意度进而影响重游意向；体育赛事与举办城市情感形象契合度、认知形象契合度正面影响游客重游意向，认知形象契合度对重游意向的影响略大于情感形象契合度对其的影响；游客满意度正面影响重游意向。

当研究城市形象与赛事形象对游客旅游决策的共同影响时，学者们发现：城市形象与赛事形象的认知与情感形象一致性（契合度）对游客旅游决策的影响十分重要。

（3）空间视角下的城市形象对游客旅游决策的影响。张岚等（2016）开发了一个空间视角下的城市感知形象量表，该量表包括5个维度：体验质量、旅游吸引物、文化传统、基础设施及专项活动、娱乐休闲活动。重点就空间视角下影响旅游者的重游意向的因素及影响效应进行深入分析。研究结果表明：拥有丰富文化节庆活动以及体育文化设施的城市空间是促使游客重游的重要因素；同时城市新开发的满足游客娱乐休闲和深度体验的购物及娱乐场所也是吸引游客重游的重要因素。基于此提出3条策略建议：一是环境整洁优美是促使游客乐于重返城市空间的基本点；二是户外体验活动的推陈出新是促使重游者体验城市新空间的诉求；三是举办或开发文化节事活动是促使游客故地重游的着眼点。

城市品牌、目的地品牌（destination brand）和国家品牌（country brand）研究均属于地方品牌（place brand）研究的分支（Kotler et al., 1993；孙丽辉，等，2009；庄德林，等，2014）。现有研究已经发现国家形象与国家作为旅游目的地的目的地形象是两个不同的构念（杨一翁，等，2017；张宏梅，蔡利平，2011；张静儒，等，2015）。与此类似，城市形象与城市作为旅游目的地的目的地形象也是两个不同的构念，城市形象的内涵更为丰富。现有文献主要探索了城市旅游目的地形象对游客旅游决策的影响，尚未发现有研究探索城市品牌形象对游客旅游决策的影响。

3. 城市品牌形象对学生求学决策的影响

宋欢迎、张旭阳（2017）发现，对到访者与未到访者而言，城市综合品牌形象均与城市作为理想受教育地显著正相关。

孟令东等（2018）以波士顿、伦敦和悉尼为对标城市，运用实证方法研究北京留学形象。研究结果表明：北京留学形象被主要表达为"发展中的""传统的"和"有挑战性的"等环境形象，"专业的"与"学术导向的"学术形象认同度较低。不同区域、收入水平、专业、年龄和性别的学生对北京留学形象有不同认知。为提升国际留学竞争力，北京应加强知识生产能力，优化高校的学术环境，加大高等教育对外开放的力度，健全国际交往机制，实施多渠道、差异化的外宣策略。研究认为，留学目标城市形象特别是其中的高等教育形象左右着国际学生的选择意向，但并未就此观点进行实证检验。

QS World University Rankings 每年发布最佳留学城市排行榜（Best Student Cities），主要根据以下指标进行排名：消费水平、就业前景、城市吸引力、学生构成、大学排名、学生反馈。在2018年的榜单中，伦敦、东京、墨尔本、蒙特利尔、巴黎、慕尼黑、柏林、苏黎世、悉尼和首尔位列前10，北京位列第26位。这表明城市品牌形象影响留学生的留学决策，但关于城市品牌形象对留学生留学决策与城市品牌形象对国内学生求学决策的影响的实证研究却屈指可数。

4. 城市品牌形象对居民居住、工作、生活决策的影响

Merrilees 等（2009）以位于澳大利亚昆士兰东南部的黄金海岸城的878位居民作为调查样本，研究居民的城市品牌态度的前因变量。研究结果表明：主要的前因变量是社会联系、阳光冲浪的品牌个性和创造性的商业；安全、自然和文化活动也是有影响力的因素。城市品牌模型有较高的预测效度，这体现在城市品牌态度与居民未来继续在该城市生活意向的高相关性（相关系数为0.68）。由此可以推论：在城市居民眼中，社会联系、品牌个性、商业创造性、安全、自然和文化活动等城市品牌形象的维度均影响居民未来继续在该城市居住、工作和生活的意向。然而，该研究没有探索情感城市品牌形象对居民居住、工作、生活决策的影响。

Chen，Šegota（2015）基于品牌资产理论（brand equity theory）、社会认同

理论（social identity theory）和内部品牌化理论（internal branding theory），提出"前因变量→居民品牌内化→居民品牌建设行为"的影响路径，基于此可以推导：居民的城市品牌满意度影响居民的品牌内化，从而影响居民继续在此城市工作、居住、生活等的行为意向。在上述影响过程中，居民的自我形象－城市形象一致性起中介作用。但该研究并没有对上述观点进行实证检验。

宋欢迎、张旭阳（2017）发现，无论是对本地居民，还是对到访者与未到访者而言，城市综合品牌形象均与城市作为理想工作地显著正相关。

5. 城市品牌形象对人才居住、工作、生活决策的影响

张鸿雁（2002）认为，城市品牌形象的作用之一是使城市成为吸引人才的高地。

陈永新（2003）认为，城市品牌形象资源是吸引技术、资金和人才等生产要素资源的磁力中心。

董力三、吴春柳（2006）认为，良好的城市品牌形象有利于人才的吸引。然而，上述研究均没有就其观点进行实证检验。

宋欢迎、张旭阳（2017）发现，无论是对本地居民，还是对到访者与未到访者而言，城市综合品牌形象均与城市人才吸引力显著正相关。

现有文献认为，良好的城市品牌形象能够提高城市对人才的吸引力，但很少有研究实证检验城市品牌形象对人才的居住、工作、生活意向的影响。

6. 城市品牌形象对投资者投资决策的影响

Chan（2017）发现，绿色城市品牌形象可以提供积极的效益（如更强的本地认同，更好的社会文化生态系统服务），并最终创造一个吸引旅游与投资的绿色城市品牌。

钱志鸿、陈田（2005）提出将城市视为一种可以经营与营销的特殊商品，运用市场营销理论，按企业运作理念，通过广告活动、策划重大事件和建设城市实体景观等措施，塑造与营销内涵丰富的城市品牌形象，从而达到吸引资本投资、产业进驻、生活居住、旅游观光的目的。

陈琳（2006）分析了香港与阿姆斯特丹的城市品牌营销策略，上海的城市形象营销，包括城市事件营销策略（节庆、会展和赛事等），认为城市营销可以塑造良好的城市品牌形象，并吸引更多的外部发展资源（投资者、旅游者和居住者等）。

董力三、吴春柳（2006）认为，良好的城市品牌形象有利于招商引资。刘卫东（2006）认为，好的城市品牌形象能够在外引内联、招商引资的过程中发挥积极的促进作用。

唐子来、朱惊萍、董小麟（2007）认为，城市营销能够有效地支持和提升城市品牌形象，进而强有力地吸引潜在目标市场（企业、国外直接投资和游客等）。然而，上述研究均没有就其观点进行实证检验。

宋欢迎、张旭阳（2017）发现，无论是对本地居民，还是对到访者与未到访者而言，城市综合品牌形象均与城市的适合投资度显著正相关。

现有文献认为，城市品牌化与城市营销可以塑造良好的城市品牌形象，从而有利于城市进一步吸引投资者等。然而，很少有研究实证检验城市品牌形象对投资者投资意向的影响。

综上所述，现有研究大多是探索城市品牌形象对单一利益相关者群体的影响。例如：城市品牌形象对消费者购买决策的影响，城市旅游目的地形象对游客旅游决策的影响，城市品牌形象对学生求学决策的影响，城市品牌形象对居民居住、工作、生活决策的影响，城市品牌形象对人才居住、工作、生活决策的影响，以及城市品牌形象对投资者投资决策的影响。很少有研究同时探索城市品牌形象对多个利益相关者群体的共同影响。此外，关于城市品牌形象对学生求学决策的影响，城市品牌形象对居民居住、工作、生活决策的影响，城市品牌形象对人才居住、工作、生活决策的影响，以及城市品牌形象对投资者投资决策的影响都缺少实证检验。

六、对当前城市品牌相关文献的总体评述

1. 本书核心概念的界定

根据对现有文献的梳理，将本书核心概念的定义归纳如表2-7所示。

表2-7 本书核心概念的定义

核心概念	界定
城市品牌化 （city branding）	将与某座城市相关的重要信息有目的地象征性表现出来，以创造围绕该城市的差异化联想，使得该城市能够被利益相关者所识别、区分和认同，从而提高该城市对消费者、游客、学生、人才和投资者等利益相关者的吸引力

续表

核心概念	界定
城市品牌 （city brand）	一个名称、术语、标识、符号或设计，或者是它们的组合，用于识别一座城市的核心价值、核心定位和核心特色，并且使该城市与其他城市在利益相关者心智中区别开来
城市形象 （city image）	利益相关者对某座城市的信念、感知、理想、印象、评价和态度的总和
城市品牌形象 （city brand image）	城市品牌对外的表现形式，是利益相关者对城市品牌的信念、感知、理想、印象、评价和态度的总和
认知城市品牌形象 （cognitive city brand image）	利益相关者对某个城市品牌所持有的信念，是利益相关者对该城市品牌的理性评价
情感城市品牌形象 （affective city brand image）	利益相关者对某个城市品牌的感觉，是利益相关者对该城市品牌的感性评价
意动城市品牌形象 （conative city brand image）	利益相关者对某个城市品牌想要采取的行为意向，如城市特色产品购买意向，旅游意向，求学意向，居住、工作、生活意向和投资意向等
城市品牌形象定位 （city brand image positioning）	如何让某座城市的城市品牌形象在利益相关者心智中与众不同？

2. 城市品牌形象定位研究的不足

大部分关于城市品牌形象定位的研究是探索性研究，这些研究提出了杭州、烟台、南昌、南京、包头、温州和澳门等城市的城市品牌形象定位。然而，这些文献没有进行系统的城市品牌形象定位工作。此外，这些研究大多是从政府/城市品牌管理者的角度提出的"规划性"城市品牌形象定位，这是一种"由内向外"的思维，然而定位讲究"由外向内"思维（Ries，Trout，2001），利益相关者心智中的真实城市品牌形象是怎样的？——此问题有待进一步解答。少量文献使用扎根理论与网络民族志等研究方法，或者是基于定位钻石模型，对上海、重庆、潼关和梧州的城市品牌形象定位进行了较系统的研究。然而，这些研究主要是基于认知城市品牌形象的维度进行城市品牌形象定位，而忽视了情感城市品牌形象的维度。此外，到目前为止尚未发现有文献对北京的城市品牌形象定位进行系统的、全面的研究。

3. 城市品牌形象传播研究的不足

现有研究探索性地提出了城市品牌形象的单向传播策略（政府/城市品牌管

理者→受众），可以整合的城市品牌形象传播渠道有：广告、宣传片、影视剧、节事活动和官方网站等。在当今数字时代下，市场营销发展到4.0阶段（Kotler et al.，2017），使用社交媒体与受众积极互动、共创价值，进行品牌传播越来越重要（Gretry et al.，2017）。相比于传统媒体，使用社交媒体进行品牌传播有三大优势：一是免费；二是受众更广泛；三是信息传递是双向的，信息发送者与接收者互动频繁、共创价值（Mak，2017；Zhou，Wang，2014）。近两年，抖音、快手等移动短视频类社交媒体发展尤为迅速。如何使用移动短视频进行城市品牌形象传播，从而与多方利益相关者积极互动、共创价值、实现多赢？——此问题有待进一步解答。少量研究探索了城市品牌形象的双向传播策略。然而，这些研究没有提出针对某座城市的具体的、可操作的城市品牌形象的双向传播模式。此外，目前还没有研究探索如何使用移动短视频进行北京城市品牌形象传播。

4. 城市品牌形象对利益相关者的影响研究的不足

现有研究大多是探索城市品牌形象对单一利益相关者群体的影响。例如：城市品牌形象对消费者购买决策的影响，城市旅游目的地形象对游客旅游决策的影响，城市品牌形象对学生求学决策的影响，城市品牌形象对居民居住、工作、生活决策的影响，城市品牌形象对人才居住、工作、生活决策的影响，以及城市品牌形象对投资者投资决策的影响。但很少有研究同时探索城市品牌形象对多个利益相关者群体的共同影响。城市形象与城市作为旅游目的地的目的地形象也是两个不同的构念。现有研究主要探索了城市旅游目的地形象对游客旅游决策的影响，尚未发现有研究探索城市品牌形象对游客旅游决策的影响。此外，关于城市品牌形象对学生求学决策的影响，城市品牌形象对居民居住、工作、生活决策的影响，城市品牌形象对人才居住、工作、生活决策的影响，以及城市品牌形象对投资者投资决策的影响缺少实证检验。

第二节　理论基础

为了弥补现有研究的不足，本书引入利益相关者理论、态度理论、IPA理论、定位钻石模型和价值共创理论，研究数字时代下北京城市品牌形象的定位、传播及其对利益相关者的影响。具体如表2-8所示。

表2-8　本书相关理论的代表文献、主要观点和引入目的

理论名称	代表文献	主要观点	引入该理论的目的
利益相关者理论	Freeman（2010）；Kotler et al.（1993）；Theodoulidis et al.（2017）	（1）在一个社群中，存在不同的利益相关者群体，他们对同一问题有不同利益； （2）城市品牌涉及多方利益相关者，应全面地考虑可能影响或受城市品牌影响的各方利益相关者的利益； （3）城市品牌建设的利益相关者主要有：居民、消费者、游客、学生、人才和投资者等	（1）面向北京的各方利益相关者，全面地分析北京城市品牌形象定位； （2）在北京城市品牌形象的传播过程中，使用移动短视频与各方利益相关者进行互动、共创价值、实现多赢； （3）探索城市品牌形象对各方利益相关者的共同影响
态度理论	Roth，Diamantopoulos（2009）；Solomon（2018）；王长征，寿志刚（2007）	（1）态度主要包括3种成分：认知、情感和意动； （2）城市品牌形象为某种"形象"，反映利益相关者的主观态度； （3）城市品牌形象分为认知、情感和意动城市品牌形象	全面地分析数字时代下北京的认知、情感和意动城市品牌形象
IPA理论	Chu，Choi（2000）；Taplin（2012）；周永博，等（2013）	（1）重要性-绩效评价分析； （2）以研究对象的重要性与绩效评价均值为交叉点，形成一个四象限二维坐标，以重要性为横轴，以绩效评价为纵轴； （3）4个象限为：优势区、改进区、机会区和维持区	综合分析利益相关者眼中的北京城市品牌形象的各个维度的重要性与评价，确定北京城市品牌形象的决定性维度
定位钻石模型	李飞，刘茜（2004）；李飞，等（2005）；李飞，等（2009）；张会锋（2013）	（1）在市场研究的基础上，找到目标顾客群，并了解其对4Ps等方面的需求特征； （2）细分目标顾客利益并选择满足目标顾客的利益点，根据该利益定位点确定属性与价值定位，定位选择的范围仍包括4Ps的全部内容； （3）通过4Ps的组合实现已确定的定位	系统地提出数字时代下北京城市品牌形象定位

续表

理论名称	代表文献	主要观点	引入该理论的目的
价值共创理论	Prahalad, Ramaswamy（2013）；Vargo, Lusch（2004）；吴瑶，等（2017）	（1）企业与消费者在社会交换中存在天然的依存关系；（2）企业与消费者各自投入资源，通过互动与合作实现价值共创；（3）使用社交媒体进行营销传播的优势在于：信息传递是双向的，信息传播者与接受者互动频繁、共创价值、实现多赢	提出在北京城市品牌的传播过程中，使用移动短视频与利益相关者积极互动、共创价值、实现多赢的新模式

第三章 北京在中国人眼中的城市品牌形象

第一节 中国人对北京城市品牌形象的评分

一、研究方法

1. 问卷设计

本书使用问卷调查法收集数据。问卷中的问项主要来源于现有文献。问卷包括 4 个部分：北京的认知城市品牌形象、情感城市品牌形象、意动城市品牌形象和调查对象的个人信息。其中，北京的认知城市品牌形象包括 17 个问项，分别对应认知城市品牌形象的 17 个维度：安全、环境、气候、生活成本、健康保健、教育、交往、文娱、交通与基础设施、治理、职业选择与就业、政治经济地位、居住、产品服务、科技创新、商业优势、国际化（Larsen，2015）；情感城市品牌形象包括 8 个问项，分别对应情感城市品牌形象的 8 个维度：不愉快的-愉快的、令人沮丧的-令人兴奋的、令人困倦的-令人激动的、令人苦恼的-令人轻松的、痛苦的-幸福的、无趣的-有趣的、招人讨厌的-讨人喜欢的、无聊的-开心的（Stylos et al.，2016）；意动城市品牌形象包括 5 个问项，分别对应意动城市品牌形象的 5 个维度：购买意向，旅游意向，求学意向，居住、工作、生活意向，投资意向（Oberecker，Diamantopoulos，2011）。认知城市品牌形象与意动城市品牌形象使用 7 点李克特量表进行测量；情感城市品牌形象使用 7 点语义差异量表进行测量。正式调查问卷参见附录 1。

2. 调查对象

本书参照现有文献的研究方法，根据利益相关者与北京的关联情况，将北京城市品牌的利益相关者分为3类：确定型——本地居民、预期型——到访者、潜在型——未到访者（宋欢迎，张旭阳，2017）；同时，为了比较北京城市品牌形象在中国各个区域的利益相关者眼中的异同，面向中国9个区域（北京、台湾、东北、华东、华北、华中、华南、西南和西北）的利益相关者收集数据。

3. 数据收集

数据收集在2018年4~8月进行，具体过程如下所示。

（1）台湾数据。台湾的数据由参与本书研究工作的台湾学生收集，问卷主要由北京市台胞联谊会的成员以及台湾学生在台湾的亲朋好友回答。

（2）其他区域数据。其他区域的数据由北京某高校的大学生面向其老家的亲朋好友收集。把本次调研作为一次《市场营销管理》课程的大作业，计入学生平时成绩，因此学生们均认真地完成调研。

（3）在线数据收集。受限于生源的分布，西北、东北、西南和华南4个区域的数据偏少。为了补充这4个区域的数据，参与本书研究的成员请在这4个区域的亲朋好友帮忙在当地收集数据。大部分问卷在问道网在线问卷调查平台（www.askform.cn）发布，主要通过微信传播与回收，给予答题者微信红包奖励。

通过上述步骤，共收集到问卷1968份。排除以下无效问卷：连续7个及以上问项的答案都是一样的问卷；未认真填写来源地信息的问卷。最后得到有效问卷1881份，有效问卷回收率为95.6%。

4. 样本特征

调查对象的样本特征如表3-1所示。

表3-1 调查对象的样本特征

统计特征	分类	人数	百分比
来自地理区域	北京	383	20.4%
	东北	108	5.7%
	台湾	225	12.0%
	华北	254	13.5%

续表

统计特征	分类	人数	百分比
来自地理区域	华东	366	19.5%
	华南	140	7.4%
	华中	135	7.2%
	西北	148	7.9%
	西南	122	6.4%
是否来过北京？	是	1560	82.9%
	否	321	17.1%
利益相关者类型	本地居民	383	20.4%
	到访者	1177	62.5%
	未到访者	321	17.1%
性别	男	699	37.2%
	女	1182	62.8%
年龄	20 岁以下	84	4.5%
	20~35 岁	1253	66.6%
	36~45 岁	252	13.4%
	46~55 岁	191	10.1%
	55 岁以上	101	5.4%
教育程度	高中及以下	239	12.7%
	大学专科	427	22.7%
	大学本科	988	52.5%
	硕士	174	9.3%
	博士	53	2.8%
平均月收入	3000 元以下	654	34.8%
	3000~5000 元	460	24.5%
	5001~8000 元	301	16.0%
	8001~10000 元	201	10.6%
	10001~20000 元	87	4.6%
	20001~50000 元	135	7.2%
	50000 元以上	43	2.3%

二、数据分析

本书运用SPSS 20统计软件对数据进行正态性检验,发现所有变量的数据均不服从正态分布。因此,本研究运用SPSS的非参数检验(独立样本K-W单因素方差分析)进行均值间的两两比较(张文彤,2011)。

1. 不同类型的利益相关者眼中的北京城市品牌形象

本书就不同类型的利益相关者(本地居民、到访者、未到访者)眼中的北京城市品牌形象进行两两比较。下文报告评价差异较大(差值大于0.2)且显著(p值小于0.05)的北京城市品牌形象维度,如表3-2所示。

表3-2 不同类型的利益相关者眼中的北京城市品牌形象对比

维度	A(N=383)	B(N=1177)	C(N=321)	A-B	A-C	B-C	K-W检验(p值)	AB对比(p值)	AC对比(p值)	BC对比(p值)
安全	5.23	5.19	4.96	0.04	0.27	0.27	0.001	0.401	0.001	0.001
环境	4.77	4.56	4.43	0.21	0.34	0.34	0.003	0.013	0.001	0.093
气候	3.98	3.84	3.73	0.14	0.25	0.25	0.012	0.037	0.003	0.114
交通与基础设施	5.59	5.41	5.3	0.18	0.29	0.29	0.005	0.015	0.001	0.117
居住	4.08	3.66	4.02	0.42	0.06	0.06	0.000	0.000	0.509	0.000
产品与服务	4.87	4.63	4.79	0.24	0.08	0.08	0.001	0.000	0.132	0.088
商业优势	5.37	5.19	5.13	0.18	0.24	0.24	0.014	0.012	0.007	0.372
不愉快的-愉快的	5.54	5.33	5.34	0.21	0.20	0.20	0.027	0.010	0.033	0.874
痛苦的-幸福的	5.38	5.01	5.04	0.37	0.34	0.34	0.000	0.000	0.001	0.665
招人讨厌的-讨人喜欢的	5.45	5.23	5.27	0.22	0.18	0.18	0.019	0.006	0.043	0.878
无聊的-开心的	5.45	5.24	5.23	0.21	0.22	0.22	0.043	0.019	0.037	0.752
购买意向	5.21	4.85	4.73	0.36	0.48	0.48	0.000	0.000	0.000	0.060
旅游意向	5.02	5.17	5.35	-0.15	-0.33	-0.33	0.008	0.116	0.002	0.024
求学意向	5.61	5.54	5.31	0.07	0.30	0.30	0.000	0.093	0.000	0.001
居住、工作、生活意向	5.46	4.69	4.33	0.77	1.13	1.13	0.000	0.000	0.000	0.000
投资意向	5.46	4.99	4.8	0.47	0.66	0.66	0.000	0.000	0.000	0.007

注:A表示本地居民、B表示到访者、C表示未到访者;A-B表示本地居民与到访者的评分差值;A-C表示本地居民与未到访者的评分差值;B-C表示到访者与未到访者的评分差值;p值小于0.05表示差异显著;N表示有效样本量。

由表3-2可知，不同类型的利益相关者对北京城市品牌形象的评价是不同的。

（1）本地居民评价高。本地居民的评价普遍高于到访者与未到访者（除了旅游意向之外）（见"A-B"列与"A-C"列），且差异大多显著（见"AB对比"列与"AC对比"列）。

（2）到访者评价高。到访者的评价普遍高于未到访者（除了旅游意向之外）（见"B-C"列），但两者的差异不太显著（仅在安全、居住和意动城市品牌形象上差异显著）（见"BC对比"列）。

（3）意动城市品牌形象差距大。在各方利益相关者眼中，意动城市品牌形象（购买，旅游，求学，居住、工作、生活和投资意向）差距大且显著。

2. 不同区域的利益相关者眼中的北京城市品牌形象

本研究就我国不同区域（北京、台湾、东北、华东、华北、华中、华南、西南和西北）的利益相关者眼中的北京城市品牌形象进行对比。下文报告各个区域评价差异较大（最大值 - 最小值大于0.8）且显著（p值小于0.05）的北京城市品牌形象维度，如表3-3所示。

表3-3 不同区域的利益相关者眼中的北京城市品牌形象对比

维度	北京 (N=383)	华北 (N=254)	东北 (N=108)	华东 (N=366)	华中 (N=135)	华南 (N=140)	西南 (N=122)	西北 (N=148)	台湾 (N=225)	max - min	成对比较规律 ($p<0.05$)
环境	4.77	4.67	4.58	4.72	4.87	4.07	4.29	4.29	4.29	0.80	华南、西南、台湾低
生活成本	2.63	2.45	2.71	2.57	3.23	2.24	2.70	2.70	2.56	0.99	华南低
居住	4.08	3.93	3.69	3.95	3.93	3.26	3.58	3.58	3.62	0.82	华南低
不愉快的-愉快的	5.54	5.2	5.41	5.72	5.58	4.91	5.14	5.14	5.06	0.81	北京、华东、华中高
令人困倦的-令人激动的	5.18	4.83	5.17	5.45	5.31	4.64	4.71	4.71	4.98	0.81	华东高
令人苦恼的-令人轻松的	4.69	4.47	4.71	5.01	4.89	4.07	4.38	4.38	4.45	0.94	华东高、华南低
痛苦的-幸福的	5.38	4.89	5.04	5.42	5.25	4.59	4.80	4.80	4.80	0.83	华南低，华东、北京高

· 34 ·

续表

维度	北京 (N=383)	华北 (N=254)	东北 (N=108)	华东 (N=366)	华中 (N=135)	华南 (N=140)	西南 (N=122)	西北 (N=148)	台湾 (N=225)	max-min	成对比较规律 ($p<0.05$)
招人讨厌的-讨人喜欢的	5.45	5.23	5.34	5.63	5.49	4.77	5.02	5.02	4.95	0.86	华南、台湾低，华东高
无聊的-开心的	5.45	5.19	5.42	5.60	5.41	4.74	5.05	5.05	4.95	0.86	华南低，华东高
居住、工作、生活意向	5.46	4.66	4.83	4.60	4.52	3.99	4.16	4.16	5.13	1.47	北京高，西南、华南低
投资意向	5.46	5.02	5.03	5.04	4.87	4.55	4.64	4.64	5.19	0.91	华南低，北京高

注：max 表示各个区域评分的最大值，min 表示各个区域评分的最小值；p 值为 K-W 检验的结果，表中展示的维度的成对比较结果均是差异显著的；N 表示有效样本量。

由表 3-3 可知，不同区域的利益相关者对北京城市品牌形象的评价是不同的。

（1）华南区域的评价普遍较低。在环境、生活成本、居住这 3 个认知城市品牌形象的维度上，令人苦恼的-令人轻松的、痛苦的-幸福的、招人讨厌的-讨人喜欢的、无聊的-开心的这 4 个情感城市品牌形象的维度上，以及居住、工作、生活意向，投资意向这 2 个意动城市品牌形象的维度上，来自华南区域的利益相关者的评价均显著地低于其他区域。

（2）华东区域的评价较高。在不愉快的-愉快的、令人困倦的-令人激动的、痛苦的-幸福的、招人讨厌的-讨人喜欢的、无聊的-开心的这 5 个情感城市品牌形象的维度上，来自华东区域的利益相关者的评价均显著地高于其他区域。

（3）在情感城市品牌形象上，各个区域的差异显著。8 个问项中有 6 个问项（不愉快的-愉快的、令人困倦的-令人激动的、令人苦恼的-令人轻松的、痛苦的-幸福的、招人讨厌的-讨人喜欢的、无聊的-开心的）差异大且显著。

第二节　中国人眼中的北京城市品牌形象各个维度的重要性

为了增强研究结果的稳健性，本书同时使用网络民族志方法与访谈法两种研究方法分析中国人眼中北京的认知城市品牌形象的各个维度的相对重要性。之所以不分析北京的情感与意动城市品牌形象，原因在于两方面：第一，在线社区中关于利益相关者对北京的情感性态度与行为意向的帖子较少且不好界定；第二，在访谈过程中，发现调查对象难以对北京的情感与意动城市品牌形象的各个维度的相对重要性进行排序。

一、网络民族志研究

网络民族志方法是一种新兴的研究方法，适合于研究网络人群与社区，使用网络民族志方法进行在线调研得出的研究结论更全面、客观和可信（Kozinets，2010）。本书参考现有文献的思路进行网络民族志研究（Larsen，2018）。

1. 数据来源

本书在天涯北京社区（http：//bbs.tianya.cn/list－39－1.shtml）收集数据，数据收集截止日期为2018年8月26日。选择天涯北京社区的原因是：第一，天涯社区是全球最大的中文社区之一；第二，在天涯北京社区上，截至2018年8月26日，共有主帖数171万，回帖数1415万，数据非常丰富；第三，天涯社区创办于1999年，能够看到这些年所有的帖子，避免受对近期热点事件讨论过于热烈的影响而产生偏差。

2. 数据收集

本书参考现有文献（Larsen，2018），并根据北京的政治中心、文化中心、国际交往中心、科技创新中心的"四个中心"城市战略定位，以及"国际一流的和谐宜居之都"的目标，确认各个维度下的关键词，如表3－20所示。

在天涯北京社区上使用关键词对北京城市品牌的16个维度（由于帖子数与回复数较少，把"政治经济地位"与"国际化"两个维度整合为一个维度"地位"）进行搜索，统计在各个维度下的帖子数、点击数和回复数。数据收集与整理在2018年8月进行，帖子的截止时间为2018年8月26日。之所以规定数据收集的时限，是减少帖子数量时刻变化所造成的偏差。由于天涯上帖子数量众多，本书使用如下方法筛选出真正与本研究的主题相关的帖子。

第一，必须是与北京相关的，而不是泛泛的话题。例如，必须是讨论北京的环境问题，而不是泛泛的环境问题。

第二，对于标题中没有出现"北京"字样的帖子，逐一打开这些帖子进行阅读，从而判断是否归属于相应的维度。

第三，排除广告与交易等无关帖子。例如，在关于"居住"的帖子中，排除"海淀区自住房子一间出租"这类帖子。

第四，排除所有点击数大于20000次的帖子，因为这些点击数过多的"异常"帖子可能使研究结果产生偏差，从而尽量降低"恶意灌水"等问题产生的不良影响。

3. 各个维度的代表性帖子与回帖

各个维度的代表性帖子与回帖举例如表3-4至表3-19所示。

（1）安全维度的代表性帖子与回帖。举例如表3-4所示。

表3-4 安全维度的代表性帖子与回帖举例

维度	关键词	帖子举例	回帖举例
安全	安全	"北京安全隐患排查大清理——无情背后隐含的大爱"	"群租房有安全隐患，该清理就要清理，不清理就是失职"
		"北京以前都有售票员阿姨看着下车的人下完了，然后关车门让司机师傅开车。现在都是无人售票，有些公交车配备了辅助人员，有些没有配备，很不安全。乘客下车容易被车门夹到，如果给司机配备售票员或者辅助人员绝对就可以避免事故的发生，能不能给每辆车配备售票员或者辅助人员啊？"	"这不是配备不配备司售人员的问题，而是司机操作有误。公交公司无论如何配置司售人员，都应该是基于充分保障乘客安全的前提下，都有保障乘客安全的责任和义务"
		"北京惊现飞车党，路上行人请注意财物安全"	"天坛东门这一侧的自行车道确实照明效果不好。而且，东门北边还有2个宿舍大院，相对热闹些，也相对安全些。东门南边直至桥头，就两个公交车站和桥头角落里的一个公厕，太僻静了，加之照明不好，确实是坏人作案的理想场所"

续表

维度	关键词	帖子举例	回帖举例
安全	诈骗	"被养生会所诈骗33万元的经过……"	"现在很多搞养生保健宣传的，被骗的都是中老年人群，岂止你一个"
		"在北京中关村鼎好电子市场被骗，主要原因是自身防范意识不强，被商家诱惑，但也万万没有想到，该市场骗子横行，强买强卖，威胁恐吓"	"在中关村找那里的巡警，警察会出面解决的，我就这么要回来钱的。你回去太早了，怎么着把事情解决了再走啊"
		"北京什么时候才能像样啊，某部门也不管，弄得满大街诈骗小广告，太影响北京形象了"	"北京要想改善这种脏乱的状况，就该出重拳打击各种违法犯罪分子！包括这些到处贴小广告的，经常看见环卫工人蹲在地上费劲地清理小广告，真恨这些损人利己贴小广告的垃圾"
	犯罪	"官方公布非京籍犯罪占全部犯罪的65%。违法的是否比这占比更高，比如开黑摩的、医院的号贩子、大街上卖烧烤的、半夜无所事事惹是生非的、到公园里践踏草坪的、随手折枝踩花的、溜门撬锁的、大街上连偷带抢的、推着小车背着包占道经营的"	"历史证明，一个国家和城市的开放程度决定了经济发展的趋势" "历史证明，一个城市的人口无序膨胀，将给这个城市带来灭顶之灾"
		"房主再也不能随随便便将房屋出租了，如果租客违法、犯罪被警方查获，警方将追究房主责任，处罚手段包括罚款、拘留，对于包庇租客罪行的，房主还将被判拘役或有期徒刑。同时，房主的房屋将进入建委和房管所黑名单，今后房屋的抵押、交易转让、拆迁补偿等将受到限制。如果是公房，可能面临被没收"	"提的意见莫非被采纳了？当初提的意见是房主必须将房客信息系统登记也就是备案，如果不去的，房客发生案件，才追究房东责任"

如表3-4所示，在安全维度方面，利益相关者关注北京的安全隐患问题、诈骗与诈骗广告问题、外地人口犯罪问题，以及一些与违法犯罪有关的新法律法规。

(2) 环境维度的代表性帖子与回帖。举例如表3-5所示。

表3-5 环境维度的代表性帖子与回帖举例

维度	关键词	帖子举例	回帖举例
环境	环境	"世纪坛绿地生态环境,救助靠天涯,救助靠大家"	"现在墙外标语不见了,施工停止了,这块北京城中心最大的荒地,前途会怎样?盼望人民的政府早做决策,恢复绿地建设,让广大市民共享美好环境"
		"有关部门认真起来,没有解决不了的困难。露天烧烤和大排档,污染环境和扰民不说,严重影响首都形象"	"主要惩罚力度不够,违法成本过低"
		"中央财政近日安排50亿元资金,全部用于京津冀及周边地区(具体包括京津冀蒙晋鲁六个省份)大气污染治理工作"	"治标不治本永远没有良好和谐的环境!"
	雾霾	"连着几天雾霾。胸闷、气喘、嗓子异物、眼睛痒胀,有没有人和我一样?……心情阴郁到极点……"	"如果北京雾霾一直这么严重,不知道大家有没有换个地方生活的想法?"
		"今天,我本指望有风能吹散的,开窗发现是南风。根据经验判断,非西北风这剂良药,雾霾这病是不能减轻症状的"	"我的慢性咽炎迟迟不好都是空气污染给害的,想回乡下住我老公又不肯"
		"今年我有了宝宝,为了给宝宝一个清新的环境,我年底要离开北京了"	"最近发现咳嗽的人太多。治理雾霾起码要20年才有效,就算现在治理也是20年后。才3年雾霾,北京肺癌人数已经猛增,20年后恐怕难以想象"
	生态	"下面的图片是今天8点多在日坛拍的。画面中世贸天阶的亚洲首座'电子梦幻天幕'播放着某牛奶品牌的广告。屏幕中'中国生态草原'几个大字和绿色的草原在橙红色的沙尘暴中形成强烈的对比,显得格外刺眼"	"天啊!!!可怕啊!超不喜欢这样的天气。我们需要绿色。自然的惩罚"
		"王府井对面的树上聚集了大量乌鸦,是生态环境恶劣了吧?"	"听说乌鸦只在空气清新的地方活动,有乌鸦说明当天空气质量还不错啊"

如表3-5所示,在环境维度方面,利益相关者关注北京的环境污染与环境保护问题、雾霾与雾霾引发的健康问题(很多人因此想离开北京),以及生态环境恶化问题。

(3)气候维度的代表性帖子与回帖。举例如表3-6所示。

表3-6 气候维度的代表性帖子与回帖举例

维度	关键词	帖子举例	回帖举例
气候	气候	"听说北京气候干燥,特来灌水"	"真很干。29日晚到的北京,30日睡前忘记搽护手霜,结果今天早上起来手干得不行"
		"都说北京干燥,确实如此啦,风沙也刮得厉害。但是它出太阳的日子多,下雨天少……其实北京的气候还不错"	"北方与南方气候当然不一样!各有优缺点啊!"
	天气	"北京今天天气好爽,心情也爽"	"北京城南哩哩啦啦在下雨……清风阵阵好凉爽!"
		"下了两天雨的首都的天气,真是格外好,我都不想上班了。心情也跟着舒畅了,中午打球去"	"这样的好天真的太少见了!"
		"跟客家人姐姐逛完颐和园回来,好感慨!!如果天天这样的天气,帝都是多么美好的地方啊!"	"要是没有雾霾,北京真是很美的,美不胜收"

如表3-6所示,在气候维度方面,利益相关者关注北京的气候干燥问题(尤其是很多南方人刚来时不太适应北京的气候);当北京天气好时,利益相关者都非常欣喜、心情舒畅。

(4)生活成本维度的代表性帖子与回帖。举例如表3-7所示。

表3-7 生活成本维度的代表性帖子与回帖举例

维度	关键词	帖子举例	回帖举例
生活成本	生活成本	"北京生活成本一窥之菜价篇。7.6元两个玉米!老家种地的人们看到后一定会泪流满面的!这么贵的洋葱!估计在老家种地的看到后明年也都开始种洋葱了。拌黄瓜要涨价了!"	"生活成本是越来越高了!我们的收入呢!真是可悲呀!可怕的通货膨胀!"

续表

维度	关键词	帖子举例	回帖举例
生活成本	生活成本	"我和老婆是80后，分别工作四年/三年，其中后面两年（2006年7月以后）是在北京，基本上月光。昨天整理了一下，花销竟然高达80万元！80后在北京的生活成本真高啊！"	"每年都会有大花销的，结婚，买房，生小孩，硕士深造，出国旅游，给双方父母买房"
		"北京，理想的生活，高昂的成本！"	"'理想生活的成本'，如果换成'和收入匹配的理想生活成本'可能会好些，俺们穷人的收入远低于楼主，但仗着'匹配性的理想'，总算没饿肚子啊"
	消费	"北京消费这么高？北漂为什么还选择这里？我已经五年啦，为什么？"	"消费不高啊，除了租房贵点，其他的比很多二三线城市都便宜好吧。反正我是坚持住的"
		"不算不知道，一算吓一跳。上一年，我家的家庭总消费有二十几万，入不敷出！"	"我都不敢算自己的消费支出，算了我怕惊着我"
		"月薪三万左右在北京还是月光族，北京这消费水平年年见长啊！"	"你生活方式有问题，开源为主，节流为辅，你得注意下节流了"
	生活压力	"只能粗略算一下，不包括父母朋友生日婚礼的钱，反正月成本要八千块钱。当然小孩马上要出生了，月成本还要增加，老公总是念叨钱不够花。唉！物价一天天上涨，在大城市生活实在是太累了。生活压力逼迫着我的一些亲友已经回老家生活了"	"我的小宝宝也快出生了，虽然生活压力大，但是痛并快乐着"
		"最近一直在思考，这种情况在北京生活压力太大！计划全家前往天津生活"	"自己的生活方式自己选。天津可能高薪职位比较少而已"
		"逃离北上广？在北京生活压力大吗？我不觉得。其实北京很适合生活的，我个人觉得"	"其实我觉得幸不幸福是看自己的心态。说实话，我和老公从来没去过什么酒吧、高级商场，衣服从没有超过5000元的，车子也是10万元左右的小车，相信很多白领和我们的生活水平一样。我还是那句老话，知足常乐吧"

如表 3-7 所示，在生活成本维度方面，利益相关者认为北京的生活成本高昂、消费水平高、生活压力大，一些"北漂"由于无法承受而想要离开北京，一些人认为应该选择适合自己的生活方式。

（5）健康保健维度的代表性帖子与回帖。举例如表 3-8 所示。

表 3-8 健康保健维度的代表性帖子与回帖举例

维度	关键词	帖子举例	回帖举例
健康保健	健康	"健康生活今天开始，目标香山，开路！"	"今天阳光明媚，适合户外运动"
	保健	"宁在家喝粥保健康，不在外面风吹雨打去遭罪"	"真心觉得，在家能喝上一碗粥，健康比在北京有一栋楼都爽！"
	医疗	"建议在北京建立社区医疗学校，由参与学习的人相互义诊，减少群众医疗负担。教室房屋可以利用社区活动站公共空间，每个城市建立社区医疗大学。同时订立社区医疗法"	"社区医疗学校可以依托现有的社区医院。最主要还是政府要加大对医疗卫生的投入，医院不能靠以药养医生存，普遍提高社区医院、中小医院的医疗水平，否则没法不看病贵、看病难"
	医保	"今年刚好满15年了，现在我自己缴纳保险，每月大约900多元。但感觉延迟退休政策出台后，我不太想再继续交了，只想交医保，不知道现在北京市是不是可能在养老满15年后单独交医保呢？"	"不可以的，要交必须一起交。虽说医保和养老有点鸡肋吧，但是没有还不行"
		"北京医保歧视外地人，北漂你敢生病吗？"	"不防骗保，那些老老实实交钱的怎么办？北漂不是不能享受医保，而是不能得了病才来上保险，都像这样不交钱就想拿钱，那用不了两天医保就破产了"
		"外地户口员工如患重症，北京医保政策规定：不管！"	"来京以前不是应该先把各种福利待遇打听清楚，看看进京务工值不值，再做决定的吗？等出事、有病再去想，是不是晚点了？"

如表 3-8 所示，在健康保健维度方面，利益相关者认为在北京看病较难，并提出了一些改进建议；同时，利益相关者关注北京的医保政策，特别是外地在京人员的医保问题。

（6）教育维度的代表性帖子与回帖。举例如表 3-9 所示。

表3-9 教育维度的代表性帖子与回帖举例

维度	关键词	帖子举例	回帖举例
教育	教育	"师资力量的不均衡和生源质量的不均衡,最后相互促进叠加起来造成了这样一种状况:在全国,都往北京之类的大城市跑;而在北京内部,则是往少数几个区和少数几个名校跑"	"教学资源的含义很丰富,从狭义来说,具体的教师水平、学校的软硬件、更多的集中度和一些认为北京考学(大学)更容易的有误区的认识,这些都是明面上的。而另一方面,还有很多隐性的广义上的,比如北京的整体氛围、大城市的视野、经历、这里各种方面的优越条件等"
		"因为北京录取分数线低,应试压力小,所以才搞素质教育"	"所谓的素质教育,也不是说会唱歌会跳舞就是素质高了,而是给学生机会去接触各种不同的领域,从而真正找到自己的兴趣所在、特长所在,最重要的是心智上成长为一个健全的人"
		"我在北京工作生活11年,有个2岁多的孩子,现在为了能让我孩子明年上幼儿园发愁。我家附近有3所幼儿园,可我现在去报名都说已经报满,不再让报。我真的想问我的孩子该上哪所幼儿园呢?真的不知道该问谁"	"公立幼儿园基本没戏,僧多粥少啊!考虑一下私立的吧"
	上学	"写给北京市教委的一封信:非京籍孩子要上学!"	"别都让北京人包容。北京到底怎样包容?谁来包容北京?建议政府修订法案,阻止外来人口无休止涌入北京!"
		"我在北京工作18年了,孩子上学的事情让我好头疼啊。在北京车房都有了,也没什么压力,工作在外企,也算稳定。但因为孩子上学想逃离北京"	"我也是,我现在想的就是小初在北京读吧。攒一笔钱,高中了,让孩子出国吧。如果小初在北京,高中回老家,还不如现在回老家"
		"全北京据统计有1000万外来人口,这些人口中学龄少年也绝对不是一个小数。试想在当前的这种情况下,如果全部放开,对北京的孩子和有些遵守政策回老家上学的孩子公平吗?不公平,绝对不公平"	"贡献论的确很让人无语……选择一个城市生活,本身必然是经过考虑的,有舍有得的,光说贡献不说索取,或者光说地域不说道理,都一样片面"
	求学	"再见北京!——纪念3年的北京求学史、2年的北漂史"	"把北京的中心城区改造成中国乃至全球最大的移民'中短期打工'中心,足以建成超越美国的全球最大经济中心。要不断换新鲜血液参与和加剧竞争环境,只有这样才能进行科技和文化创新升级"

如表 3-9 所示，在教育维度方面，利益相关者认为北京拥有全国占优的教育资源，关注教育资源的公平性问题，尤其是非京籍小孩上幼儿园、上学问题。

（7）交往维度的代表性帖子与回帖。举例如表 3-10 所示。

表 3-10 交往维度的代表性帖子与回帖举例

维度	关键词	帖子举例	回帖举例
交往	交往	"这样的男朋友值得交往吗？"	"没有什么值得不值得，最终结婚不过是搭伴过日子，各取所需。他身上有你需要的吗？然后再看你身上有他需要的吗？仔细比较就知道了"
		"这样的女孩我到底要不要跟她再继续交往啊"	"你喜欢她就容忍她呗，一辈子的事儿，谁给你出主意最后还不是自己做决定"
		"交往了许久，偶然发现，女朋友是千万富翁，我该何去何从？"	"作为旁观者，我对她的做法一点也没有质疑，大家都觉得正常。如果开着车去相亲，相亲成功，她要怎么分辨自己的经济优势究竟占了几成因素呢？更关键的是，开着车去相亲，很多男孩会敬而远之的"
	邂逅	"昨夜。又见。你说你和兄弟们喝酒回来。在QQ上又聊了起来。于是，展开了一幅画。在那里，你我，不经意地邂逅流年"	"光有钱没有真心能行么？时间久了还是真心最重要"
		"北京地铁4号线上的一次触电的邂逅"	"也许你曾无数次在熙熙攘攘的街头与那个让你心动的女孩邂逅，可是每次都让她从你身边擦身而过。有时候当你在地铁里放眼望去，会发现有那么几个女生适合你，但是你不会开口，她们更不会"
		"北京地铁邂逅美女。工作地点很近，同坐地铁相识。偶尔发短信聊会天，约她吃过一次午饭"	"呵呵，努力吧，应该还有戏，女孩子矜持一点很正常的。如果你是真心地喜欢她，就让她知道吧，别搞暧昧，伤害别人，也伤了自己"

如表 3-10 所示，在交往维度方面，利益相关者关注男女的择偶问题，同

时对在北京的娱乐场所、大街小巷和地铁等处的美好邂逅记忆深刻。

（8）文化娱乐维度的代表性帖子与回帖。举例如表 3-11 所示。

表 3-11 文化娱乐维度的代表性帖子与回帖举例

维度	关键词	帖子举例	回帖举例
文化	文化	"老北京文化还有吗？什么时候？"	"胡同，凡是北方基本都有，四合院、大杂院也是。京腔算是北京特有的，不知道这算不算文化。遛鸟儿也是好多地方都有的，算不上北京特有的吧"
		"京城文化：混是一种态度，混是一种文化"	"顽主文化。这种文化只能生长在京城而别处没有。当年这座城市最吸引我的地方就是这种文化底蕴，只可惜这种文化现在是越来越淡。十年前的京城和今天的京城不太一样了。现在更多的是海派文化（海归，上海派），还有土著文化"
		"北京的玩儿文化。北京人的精髓，就是'玩儿'，北京人爱玩儿，既如此，玩儿就得有玩儿的地方。举个例子来说吧，老世年间，京城民间玩儿的地方是小市儿和小摊儿。北京人嘴边儿常挂着逛小市儿和逛小摊儿"	"玩儿是文化，一种心态，是淡泊名利的超然，是内心快乐的坦然。要是过'朝叩富儿门，暮随肥马尘'的日子，我还真不会生活了"
	娱乐	"首都生活娱乐区 CRD 崛起，北京向西。西山风景，西山八大处、香山、潭柘寺自不用说，万达、当代、唯一的沃尔玛山姆会员店等商业区崛起；台湾街和京西酒吧商务区；奥运各种体育设施，五棵松棒球、篮球馆、体育馆、石景山体育馆、首钢篮球馆、国家射击馆、老山自行车场，真是一应俱全。石景山游乐园要建成亚洲最大的。最近看到成龙国际影城也是国内最大的"	"补充一下，最近雕塑公园的国际啤酒节，居然也号称亚洲最大的，不知道有人去过否。但是觉得西边人气正在聚集"

如表 3-11 所示，在文化娱乐维度方面，利益相关者认为北京文化底蕴深

厚，喜欢独具特色的京味儿文化（同时关注京味儿文化变淡的问题），认为北京的娱乐场所与娱乐设施丰富。

（9）交通与基础设施维度的代表性帖子与回帖。举例如表3-12所示。

表3-12 交通与基础设施维度的代表性帖子与回帖举例

维度	关键词	帖子举例	回帖举例
交通与基础设施	交通与基础设施	"除地铁外，地面上的车堵得不行，在这个城市开车出行，脾气不好真不行，又热又累，打优步也要等很久很久，超级不能理解这么多人到底是如何习惯这样的交通的"	"唉，没办法，人口太多，我摇号摇了两年多都没摇上，像我这样的群众还很多，等以后更堵，让你更闹心？"
		"公交地铁早就该涨价了，等到现在才准备涨价，算不错的了。以前平均每个北京市民公交月支出才87块钱，明显是太低了，面对各种成本的涨价，不能叫北京市政府长期补贴吧？"	"涨吧，涨价就是替政府减轻负担，政府减少或者不补贴。不过北京城大马路建了那么多，那么宽，这是对开车人的变相补贴。能不能提高开车的成本？让路面上开车的少点儿，素质高点儿，这样公交出行才能更顺畅"
		"对小汽车摇号政策的建议：第一，应确保购车指标配置过程中监督的全面性。第二，适时公布购车指标配置程序。第三，采取有效措施，解决弃号过多的问题。第四，条件成熟时，满足群众的人性化购车需要"	"目前，根据汽车保有量，适合学一下上海的方法，买卖车牌。因为相当一部分人不想开车了。实行几年后，根据情况再定其他方法。再就是，摇号根据排队的原则，先到的永远排前面。交一定数量的购车保证金，到时候不买不退。还想买的话，半年后，到最后继续排队。还有，公私车分开，比如每月定，公车五百辆，私家车一万五千辆。月底，向社会详细公布购车情况。现在这样摇号，难免让人产生各种猜疑"

如表3-12所示，在交通与基础设施维度方面，利益相关者关注北京的堵车、摇号和北京地铁涨价等问题。

（10）治理维度的代表性帖子与回帖。举例如表3-13所示。

表3-13　治理维度的代表性帖子与回帖举例

维度	关键词	帖子举例	回帖举例
治理	治理	"北京市领导指出，北京人口无序过快增长、大气污染、交通拥堵、部分地区环境脏乱、违法建设等问题，已严重影响到北京的可持续发展，影响首都形象和人民群众的生产生活，必须痛下决心进行治理"	"控制下也好，不让我待我就回去，挤在这里大家都不好受"
		"北京35地区治理违规'群租'，劝离所有租户"	"早上听新闻说了，还说不能只堵不疏，还要想办法给群租人员解决住处问题"
		"治理北京交通拥堵之良方，我的原则是：分解首都职能，重新给首都以定位……我主张以后的首都仅仅作为一个政治中心而存在，弱化其经济和文化中心的职能"	"不行。城市是一个整体，政治经济文化互相联系，相互支持，拉得太散，城市运作不起来。并且，过于分散的布局会加大交通运输距离，降低运输效率，加大交通运输负担。另外，分散布局极大破坏了北京的城市形象，城不像城，村不像村。北京缺的是有力且科学的规划管理"
	政府	"在北京的街道办事处、民政、社保、职介等政府和公共机构，充斥着大量军转安置人员及军属。这些人素质低，专业不熟悉，态度蛮横，甚至连普通话交流都有困难。给北京市民办理公共事务，带来了无尽的困扰"	"什么人到了那种机构和环境都一个德行，和文凭无关"
		"有媒体报道，早餐车因存在占道经营、环境脏乱、食品安全隐患等问题，北京市海淀区将逐步清退区内各式早餐车，清退的范围中既包括无证经营的小商贩，也包括有经营资质的首钢饮食公司早餐亭"	"看来政府监管得越来越具体了，就应该这么治理北京，取缔十分正确，支持"

续表

维度	关键词	帖子举例	回帖举例
治理	政府	"政府服务到位,营商环境就好,这是关键。这些年打造服务型政府,北京市没少下功夫,也正是基于这点,北京市的营商环境在全国才名列前茅;作为首都建首善,北京市在这方面自然不甘落后,而且必须当排头兵。远的不说,眼下北京市政府各个部门,在服务企业创新和外资合作,乃至为普通市民办理各种事情上,又进一步简化了工作流程,缩短了办理周期。例如,以前办理住房公积金要填的六张表,改成一张表了;企业办审批证明盖章,原来最快三天,现在一天就拿下,而且只跑一个地方就行了。如此说来,企业满意、外商称赞、市民高兴,皆是营商环境不断优化的结果"	"打铁还需自身硬"

如表3-13所示,在治理维度方面,利益相关者关注北京的人口过多问题、北京的城市定位问题和北京疏解非首都功能等问题;同时关注北京政府服务的政策与政府服务人员的态度,以及政府的监管措施。

(11)职业选择与就业维度的代表性帖子与回帖。举例如表3-14所示。

表3-14 职业选择与就业维度的代表性帖子与回帖举例

维度	关键词	帖子举例	回帖举例
职业选择与就业	就业	"调查显示,北漂蚁族的就业岗位是体制外,以私营和民营企业为主"	"我发现北漂和北京土著在工作领域很少有交集,凡是北京人居多的工作岗位很少有北漂,北漂为主的公司很少有北京土著,这个调查也是主要原因吧。北漂的工作,多数北京土著是不屑于去的!"

续表

维度	关键词	帖子举例	回帖举例
职业选择与就业	就业	"699万毕业生冲击最难就业年,京签约率不足3成"	"数据表示,酒店班孩子一个人可以分到5个单位,计算机的可以一人分到一个……某985学校的艺术专业签约率才7%"
		"根除城市间户籍歧视,保障公民就业自由"	"你为什么非得来北京呢?为什么一定是北京呢?回去建设自己的家乡不好吗?或者去人口压力不大的、入户容易的其他城市。为什么非得来北京呢?难道北京装得下全国人民吗?"
	职业	"经常在网上看到很多北漂的刚来也都是两三千的工资,但是三四年后都涨到一万多了,请问这些人都从事的什么行业什么职位啊?为什么工资涨得如此之快啊?"	"和你做不做技术支持没关系,关键是你没有把握好职场规律吧。找工作,要是前景不如意,在有了一定工作经验后,要赶快寻机跳槽,骑驴找马,要保证每次跳槽,自己会有一定的提升"
	工作	"现在犹豫明年是继续在这里,还是到北京。到了北京也就是做电销,不知道能挣多少,别的工作也看过,不是要求学历就是要求技术。我专业早丢了,现在就想做点能挣钱的,先攒两年钱,另外每月花费不知道。就怕换了之后还不如现在的,现在犹豫是继续在这儿一点一点地攒还是到北京找工作。如果有人能给些建议,感激不尽"	"电销在北京,以我的能力估计只能做到一个人1500万元的业务量,月薪可以拿15万元,因为北京有这个经济基础。北京当然是个好地方,你不用怀疑。要是不做销售,做商务咨询,那么可以做到每分钟2000元,我师父就是这个价格,聊一分钟必须给2000元。可是他的修为太高,我怕跟不上他的节奏哦。有技能还是好赚钱,只是学会技能要好几年,我还在犹豫学不学呢"
		"现在北京工作五险税后工资4000多元是不是算底薪了"	"这个要看行业了吧"

续表

维度	关键词	帖子举例	回帖举例
职业选择与就业	工作	"临近找工作,纠结留京还是考回家乡供电局……北京有好多靠自己的奋斗青年,想知道他们留京的奋斗模式是如何的?是如何一步步在北京扎根的?"	"你说三线城市没有发展潜力,这点我不认同,我认为三线城市也有不错的工作。以我来说吧,我的第一个导师在北京西山,省部级干部,他可以给我留在北京的机会。我的第二位导师在上海复旦,他给了我发展经济的能力。我的第三位导师经常与企业合作做项目,目前我就在他合作的企业实习。这三种导师类型在全国各地都有。所以无论是小县城还是地级市还是京城,都可以找到不错的岗位"

如表3-14所示,在职业选择与就业维度方面,利益相关者关注毕业生与"北漂"的就业问题,关注北京的户籍政策及其对就业的影响;在职业选择方面,主要关注在北京工作的收入与职业发展前景。

(12) 地位维度的代表性帖子与回帖。举例如表3-15所示。

表3-15 地位维度的代表性帖子与回帖举例

维度	关键词	帖子举例	回帖举例
地位	地位	"从燕到清,考察北京历史地位的变化时,抓住了错综和复杂的民族矛盾这一线索,便易于理解,同时也是北京同南京、洛阳、长安的不同之处"	"我今儿个也长见识了!呵呵!"
		"北京2012年在经济影响力方面从之前的全球排名第9一下子跃升至第1,成为全球经济城市巨人"	"跟随着中国的脚步,北京的经济影响力呈火箭般增长,将伦敦、巴黎、纽约等老牌大都市甩在了后面,让世界刮目相看"

续表

维度	关键词	帖子举例	回帖举例
地位	地位	"北方就北京一个经济发达的地区，人不扎堆才怪"	"南方的经济只是昙花一现罢了，当法规逐步完善后，花就该凋谢了；因为中国只有北京才是权力制约下造成的相对公平的环境，所以很多的大企业要进京避险"
地位	国际化	"有多少人赞成把北京建设成国际化大都市？"	"随着国家的大环境变迁而已"
			"国际化大都市不是小老百姓的需要，如果国家非要建的话，请给北京市民各种补偿"
			"北京已经是国际化大都市了"

如表3-15所示，在地位维度方面，利益相关者关注北京的历史地位、当前的政治经济地位和未来的国际化地位。

（13）居住维度的代表性帖子与回帖。举例如表3-16所示。

表3-16 居住维度的代表性帖子与回帖举例

维度	关键词	帖子举例	回帖举例
居住	居住	"外地蚁族人群，已经不适合在北京居住了，各种政策偏向，各种住房条件的制约！就连小区的小摊位都搬迁完了，吃饭的地方也没有了"	"这个世界生来就不平等！北京人太多了，城市压力大，可以理解！不过政府想要打造高端文明帝都，所以好多人注定都得离开北京！"
		"北京严控人口规模，居住证制度将替代暂住证"	"力挺政府领导的建议：北京要有效地控制外地人的数量！"
			"为什么总是要这个证那个证地把人分等级呢？天天喊的口号'人人平等'去哪了？"
		"建议北京居住证关联北京交通服务，取消地铁一票制，公共交通施行分段计价"	"应当！这样还可以减少很多的市政府财政支出"

续表

维度	关键词	帖子举例	回帖举例
居住	住房	"北漂的我们什么时候可以买得起一套住房?"	"为什么非要在北京买房呢?很多大城市一样挺好的。像西安、成都、重庆,都很好啊,房子也没那么贵"
		"我辞职了,要离开北京了,可是住房公积金现在改成了每次只能取三个月的!谁有办法能一下子全取出来吗?"	"以前不说,今年是这么个规矩,首先,你可以开租房发票,带着合同,房产证之类就成,业主资料要求不多了;其次呢,个人不准申领,只能单位做手续,这规矩这半年才有的"
		"北京的房价居高不下,已经成了外地人在北京买房的最大障碍,就是老北京人,如果不靠着那巨额的拆迁费用,想要购上一套百十来平方米的房产也是难上加难"	"应该说普通老百姓住房难"
	宜居	"我在北京生活将近三十载,我深深地爱着北京,可是,我却把大部分青春都浪费在了路上,我不认为北京适合居住!"	"不适合也要住的,还要更好地住下去,不能因为这些就离开,家毕竟是家,哪个地方都能列举很多条不宜居住的理由的"
		"今早天通苑北站终点站进站排队场景——北京真不适合居住"	"非要坐地铁啊,不会骑车啊"
		"有个帖子说北京挤,北京脏乱差,北京空气不好,北京不适宜居住!我想说,雾霾都是北京人在开车吗?北京人在吹空调吗?地上的垃圾都是北京人扔的吗?出门坐地铁坐公交都是北京人在挤吗?北京物价贵都是自己没事闲得往上抬的吗?北京房价贵都是自己买了卖,卖了再买,自己把自己从城里赶到城外?房子贵到买不起自己开心吗?沙尘暴是北京产的只在北京转悠吗?不是西西伯利亚的冷空气一路刮过来的吗?"	"这就是人太多,社会资源被占用"

如表 3-16 所示,在居住维度方面,利益相关者关注北京的居住证与住房公积金政策,认为北京人口过多,造成房价过高、交通拥堵等问题,不太适宜居住。

(14)产品服务维度的代表性帖子与回帖。举例如表 3-17 所示。

表 3-17　产品服务维度的代表性帖子与回帖举例

维度	关键词	帖子举例	回帖举例
产品服务	产品服务	"北京所谓的庙会凸显了组织者利益嘴脸,其实是假冒伪劣产品年关销售集中地。主要表现有:有的庙会收取门票,不控制人数,只要拿钱任凭进入;各个摊点主要卖的是假冒商品和食品,这时候的工商、卫生部门都消失得没影了,如羊肉串其实是用鸭肉抹上羊油卖的,打着大牌子卖假食品;玩具,更是假冒玩具,粗制滥造的玩具;无服务,既然你组织方收了那么多门票,来了那么多人,就应该考虑这些人的吃喝拉撒,卫生间都不配足,只顾收钱,放人往里拥挤"	"好像看到一个羊肉串摊儿,几天时间赚了15万元,回家跟媳妇儿一说,媳妇儿还说这还是少的。这几天比我一年挣得都多"
		"警惕,在中关村购买的微软产品基本上都是假货"	"中关村卖的产品都是假货这事还用报道吗???本人从不在中关村买任何电子产品"
		"北京某培训机构虚假宣传服务缩水,欺骗消费者"	"现在这些教育培训机构乱象丛生,没交钱之前虚假承诺,交了钱就翻脸不认人,我们好多家长都涉及这样的问题,早就应该整治他们了"
		"北京这各行业服务员还真是牛,给人的感觉真不是服务公众,都是看自家东西的"	"你说的现象的确有,没办法,尤其是节假日,人太多,良莠不齐"

如表 3-17 所示,在产品服务维度方面,利益相关者关注北京的景点服务、服务人员的态度;同时关注北京的假冒伪劣产品与虚假服务宣传问题。

(15) 科技创新维度的代表性帖子与回帖。举例如表3-18所示。

表3-18 科技创新维度的代表性帖子与回帖举例

维度	关键词	帖子举例	回帖举例
科技创新	科技创新	"北京八字精神是:爱国、创新、包容、厚德"	"现在仍然需要提倡创新精神"
		"科技无限,精彩设计……俺这个外行今天去北京世界设计展览看了回热闹,非常多有意思的创意科技,正应了那句:只有想不到,没有做不到"	"最让我觉得有意思的设计,应该属于高科技的,但又是用于生活的"

如表3-18所示,在科技创新方面,利益相关者关注北京的科技创新精神,以及各种科技创新在生活中的应用。

(16) 商业优势维度的代表性帖子与回帖。举例如表3-19所示。

表3-19 商业优势维度的代表性帖子与回帖举例

维度	关键词	帖子举例	回帖举例
商业优势	商业优势	"渐行渐远的北京前门老字号,只有商业没有文化了"	"文化是需要人来承载的,人都被轰走了,哪里还有文化。最多不过是一个古典风格的现代商业街罢了"
		"大家认为在未来一年内,什么体育运动是最有市场潜力、最有商业价值的?"	"壁球、卡丁车、赛马、橄榄球、羽毛球、极限运动、滑雪……"

如表3-19所示,在商业优势方面,利益相关者关注商业化对北京传统文化的冲击,以及未来北京具有商业潜力的项目。

综上所述,在天涯北京社区中关于北京城市品牌形象的负面评论居多,这属于正常现象。在以微博、论坛、社区为代表的民间舆论场,引人关注的"坏消息"比较多,网友也更乐意发表负面评论,这种现象被专家称为"坏消息综合征"(丁建庭,2013)。人们之所以关注"坏消息",很大程度上是因为"感同身受",之所以习惯发表"负面评论",是因为情绪宣泄的需要(丁建庭,2013)。实际上北京的城市品牌形象可能更好。更重要的是,从这些"坏消息"中能够发现利益相关者最重视的维度,也能够从中发现北京城市品牌形象亟待改善的方面。

4. 数据分析

本书汇总天涯北京社区中关于北京城市品牌的 16 个维度的帖子数、点击数和回复数，如表 3-20 中的①~③列所示。

表 3-20 北京城市品牌的 16 个维度的相对重要性

① 帖子数	② 点击数	③ 回复数	④ 维度	⑤ 帖子总数、排名和分数	⑥ 点击总数、排名和分数	⑦ 回复总数、排名和分数	⑧ 网络民族志总分与排名	⑨ 访谈提及数、排名和总分	⑩ 重要性总分与排名
	安全								
52	52543	607		177	134888	1222	430 分	332	910 分
	诈骗		安全	(2)	(1)	(5)	(2)	(1)	(2)
52	27474	283		150 分	160 分	120 分		480 分	
	犯罪								
73	54871	332							
	环境								
32	5383	127		201	116835	2288	470 分	278	920 分
	雾霾		环境	(1)	(2)	(1)	(1)	(2)	(1)
108	70980	1200		160 分	150 分	160 分		450 分	
	污染								
54	35777	910							
	生态								
7	4695	51							
	气候			62	15673	397	180 分	98	420 分
16	3580	171	气候	(8)	(12)	(13)	(11)	(9)	(9)
	天气			90 分	50 分	40 分		240 分	
46	12093	226							
	生活成本								
18	19757	365		73	79897	1107	380 分	240	800 分
	消费		生活成本	(4)	(3)	(6)	(4)	(3)	(3)
30	48283	451		130 分	140 分	110 分		420 分	
	生活压力								
25	11857	291							

续表

①	②	③	④	⑤	⑥	⑦	⑧	⑨	⑩
帖子数	点击数	回复数	维度	帖子总数、排名和分数	点击总数、排名和分数	回复总数、排名和分数	网络民族志总分与排名	访谈提及数、排名和总分	重要性总分与排名
	健康								
14	2482	117							
	保健		健康保健	61 (9) 80分	36987 (8) 90分	653 (8) 90分	260分 (8)	113 (8) 270分	530分 (8)
8	3685	24							
	医疗								
25	10075	96							
	医保								
14	20745	416							
	教育								
34	32045	1129							
	上学		教育	67 (6) 110分	69130 (5) 120分	1664 (2) 150分	380分 (4)	237 (4) 390分	770分 (4)
28	36146	510							
	求学								
5	939	25							
	交往								
10	3262	64	交往	33 (13) 40分	12889 (13) 40分	405 (12) 50分	130分 (13)	40 (14) 90分	220分 (14)
	邂逅								
23	9627	341							
	文化								
41	8510	320	文化娱乐	59 (10) 70分	16145 (11) 60分	561 (10) 70分	200分 (10)	80 (11) 180分	380分 (10)
	娱乐								
18	7635	241							
	交通与基础设施		交通与基础设施	85 (3) 140分	63051 (6) 110分	1605 (3) 140分	390分 (3)	163 (7) 300分	690分 (6)
85	63051	1605							

续表

① 帖子数	② 点击数	③ 回复数	④ 维度	⑤ 帖子总数、排名和分数	⑥ 点击总数、排名和分数	⑦ 回复总数、排名和分数	⑧ 网络民族志总分与排名	⑨ 访谈提及数、排名和总分	⑩ 重要性总分与排名
26	18216	193	治理	59 (10) 70分	27665 (9) 80分	582 (9) 80分	230分 (9)	42 (13) 120分	350分 (11)
33	9449	389							
12	7051	247	职业选择与就业	66 (7) 100分	46290 (7) 100分	924 (7) 100分	300分 (7)	184 (6) 330分	630分 (7)
6	16844	103							
48	22395	574							
4	2523	153	地位	33 (13) 40分	7355 (15) 20分	356 (14) 30分	90分 (14)	27 (16) 30分	120分 (16)
29	4832	203							
32	46036	821	居住	72 (5) 120分	75088 (4) 130分	1398 (4) 130分	380分 (4)	231 (5) 360分	740分 (5)
28	20729	456							
12	8323	121							
53	18240	459	产品服务	53 (12) 50分	18240 (10) 70分	459 (11) 60分	180分 (11)	37 (15) 60分	240分 (13)
18	2007	41	科技创新	18 (15) 20分	2007 (16) 10分	41 (16) 10分	40分 (16)	57 (12) 150分	190分 (15)

续表

①	②	③	④	⑤ 帖子总数、排名和分数	⑥ 点击总数、排名和分数	⑦ 回复总数、排名和分数	⑧ 网络民族志总分与排名	⑨ 访谈提及数、排名和总分	⑩ 重要性总分与排名
帖子数	点击数	回复数	维度						
商业优势			商业优势	18 (15) 20分	8415 (14) 30分	112 (15) 20分	70分 (15)	82 (10) 210分	280分 (12)
18	8415	112							

注：④维度分别用①~③列中的关键词进行搜索；⑧网络民族志总分=⑤帖子总数分数+⑥点击总数分数+⑦回复总数分数；⑩重要性总分=⑧网络民族志总分+⑨访谈总分；⑤~⑩列中括号中的数字表示在16个维度中的排名。

如表3-20所示，⑤~⑦列统计16个维度下的帖子总数、点击总数和回复总数。根据数量分别对16个维度的帖子总数、点击总数和回复总数进行排名（见表3-20中⑤~⑦列括号中的数字）。参考现有文献的研究方法（Larsen，2018），根据排名分别对各个维度的帖子总数、点击总数和回复总数进行赋值：第1名赋值160分、第2名赋值150分、第3名赋值140分……第16名赋值10分（见表3-20中的⑤~⑦列）。将各个维度的帖子总数分数、点击总数分数和回复总数分数相加，得到网络民族志研究的总分，并对各个维度的总分进行排名（见表3-20中的⑧列）。排名顺序依次为：环境、安全、交通与基础设施、居住、生活成本、教育、职业选择与就业、健康保健、治理、文化娱乐、气候、产品服务、交往、地位、商业优势、科技创新。

二、访谈研究

为了增强研究结果的稳健性，本书同时使用访谈法对北京城市品牌的16个维度的相对重要性进行探索。

1. 数据收集

访谈由北京某高校的112位大学生面向其老家的北京利益相关者展开，要求每位大学生访谈10位调查对象。访谈过程如下：第一，在介绍城市品牌的16个维度之后，询问调查对象"你最重视哪些维度？最多列举3个"；第二，询问调查对象"为什么重视这些维度？谈谈你对北京城市品牌的这几个维度的看法"；第三，请调查对象就北京如何进一步完善这些维度以提升城市品牌提出对策与建议。访谈在2018年5月进行，共访谈了1120名北京的利益相关者。

2. 数据分析

本研究统计调查对象对16个维度的提及次数，并按提及数多少对各个维度进行排名，如表3-20中的⑨列所示。使用访谈法得到的数据分析结果与使用网络民族志方法得到的数据分析结果是相似的（见表3-20的⑧列与⑨列）。与前文类似，根据排名分别对各个维度进行赋值，考虑到与使用网络民族志方法得到的研究结果的均衡性，第1名赋值480分、第2名赋值450分、第3名赋值420分……第16名赋值30分，从而得到访谈研究的总分（见表3-20中的⑨列）。

将网络民族志研究与访谈研究得到的总分相加，得到16个维度的相对重要性总分与排名，见表3-20中的⑩列。

第三节 中国人眼中的北京城市品牌"重要性-评分"矩阵

基于前文所述的IPA（重要性-绩效评价分析）理论，并根据本章第一节与第二节的研究结果，下文综合分析北京城市品牌的评分与相对重要性。

第一，在第一节中，本书使用7点李克特量表对北京的认知城市品牌形象进行测量，将评分均值大于5分（"同意""非常同意""完全同意"）的维度归类为高评分；将评分均值在4~5分（"中立"）的维度归类为中等评分；将评分均值小于4分（"完全不同意""非常不同意""不同意"）的维度归类为低评分。

第二，根据第二节中重要性总分的分布，将总分大于700分的维度归类为重要性高；将总分在300~700分的维度归类为重要性中等；将总分小于300分的维度归类为重要性低。结果如表3-21所示。

表 3-21 北京城市品牌的 16 个维度的评分与重要性

维度	安全	环境	居住	生活成本	教育	就业	交通	健康保健	文化娱乐	气候	治理	商业优势	交往	产品服务	科技创新	地位
评分	5.16 高	4.58 中	3.81 低	2.63 低	5.77 高	5.35 高	5.43 高	4.87 中	5.51 高	3.85 低	4.96 中	5.22 高	5.11 高	4.71 中	5.06 高	5.66 高
重要性	910 高	920 高	740 高	800 高	770 高	630 中	690 中	530 中	380 中	420 中	350 中	280 低	220 低	240 低	190 低	120 低

注:"就业"即"职业选择与就业","交通"即"交通与基础设施",评分分数为 1181 份问卷的均值。

将表 3-21 中的数据转换为北京城市品牌"重要性-评分"矩阵,如图 3-1 所示。

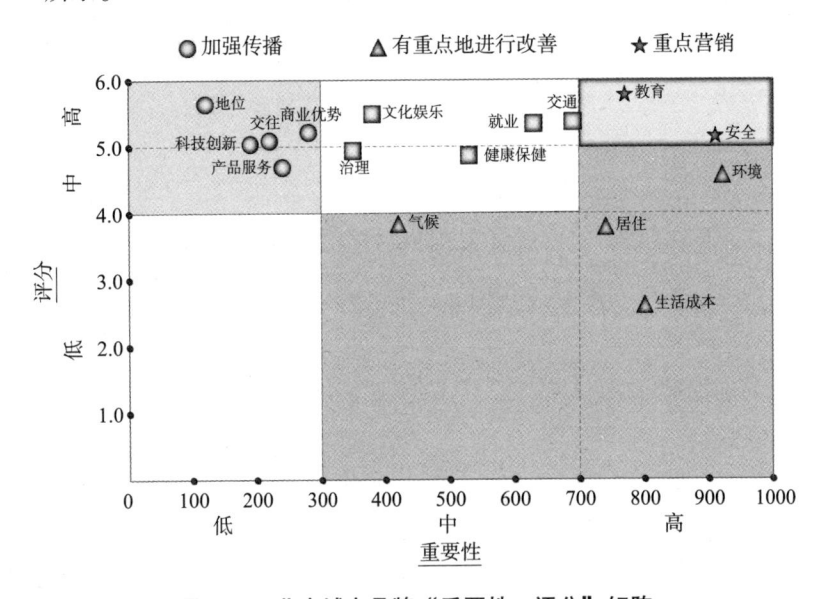

图 3-1 北京城市品牌"重要性-评分"矩阵

由图 3-1 可知,第一,利益相关者认为安全与教育这两个维度非常重要且对它们的评分均很高,需要对这两个维度进行重点营销。

第二,利益相关者认为环境、生活成本和居住这 3 个维度很重要,气候这个维度较重要,但对它们的评分均不是很高,需要根据实际情况有重点地对这 4 个维度进行改善。

第三,利益相关者对北京的地位、商业优势、交往、科技创新这 4 个维度的评分高，对产品服务这个维度的评分中等，但对它们并不是很重视，需要对这5个维度加强传播，让利益相关者意识到它们的重要性。

第四节　研究结论与管理决策建议

第一，不同类型的利益相关者❶眼中的北京城市品牌形象是不同的。

首先，除了旅游意向相对较低以外，本地居民眼中的北京城市品牌形象整体上好于到访者与未到访者。

其次，与未到访者相比，到访者认为北京更安全、更适宜居住，且北京的意动城市品牌形象更好。

最后，相比于认知与情感城市品牌形象，北京的意动城市品牌形象在各方利益相关者眼中差异最大，即本地居民最愿意购买北京本地的产品服务，在北京就读，在北京居住、工作、生活，在北京投资，到访者的上述意向次之，未到访者的意向最弱；在旅游意向方面，未到访者来北京旅游的意向最强，到访者重游北京的意向次之，本地居民的旅游意向最弱，这点好理解。

由以上可知，在来北京之后，利益相关者对北京城市品牌形象的评价会提高；特别是在深度体验与深刻了解北京之后，利益相关者对北京城市品牌形象的评价会进一步提高。这表明：部分利益相关者对北京城市品牌形象评价不高是由于他们缺乏对北京的深度了解与体验。建议北京的城市管理者与旅游机构等合力打造具有"京韵"特色的北京旅游目的地品牌，进一步吸引外地游客来北京旅游、体验；建议北京市教委与教育机构等举办更多有影响力的竞赛、夏令营和公益活动等，为各地高材生来北京学习、体验提供更多机会；建议北京商务管理部门与商业机构等为投资者提供更多的来北京深度调研、考察和体验的机会。

第二，不同区域的利益相关者眼中的北京城市品牌形象是不同的。

首先，来自华南的利益相关者眼中的北京城市品牌形象相对较差。原因在于：华南区域与北京相距较远，很多华南人不适应北京的气候，北京与华南区

---

❶ 本章中的利益相关者均是中国人。

域在饮食习惯上的差异也很大。

其次，来自华东的利益相关者眼中的北京城市品牌形象相对最好。据搜狐网统计，在北京的山东人（占外地人口的8.7%）与安徽人（占外地人口的7.3%）非常多，分别排名各省在京外地人口数量的第3位、第4位。尤其是山东，作为高考大省，山东考生向往北京，很多高分山东考生选择上北京就读；在北京各大高校就读的研究生中，山东研究生的数量为最多的之一。他们把对北京的良好评价与学弟学妹和亲朋好友们分享，使得山东人眼中的北京城市品牌形象很好。

最后，在来自不同区域的利益相关者眼中，北京的情感城市品牌形象差异最大。不同区域的利益相关者对北京的认知城市品牌形象的评价相对客观、理性，差异不大；但受文化认同感与亲切感等的影响，他们对北京的情感性态度差异较大。

建议北京的城市品牌管理者与营销机构等合作，加强营销传播，突出北京拥有的有丰厚"京味"特色的文化遗产、丰富的文化资源和极具竞争力的文化产业；突出北京具有全国最丰富与最优质的教育资源；突出北京具有最开阔、最前沿和最国际化的视野。

第三，最受利益相关者重视的北京城市品牌维度为：环境、安全和生活成本，最被忽视的维度为：地位、创新和交往。

网络民族志研究发现网络利益相关者最重视的北京城市品牌维度依次为：环境、安全、交通与基础设施、生活成本、居住、教育、职业选择与就业；最被忽视的维度依次为：科技创新、商业优势和地位。

访谈研究发现利益相关者最重视的北京城市品牌维度依次为：安全、环境、生活成本、教育、居住、职业选择与就业、交通与基础设施；最被忽视的维度依次为：地位、产品服务、交往。

可见，使用两种研究方法得到的研究结果类似，各方利益相关者最重视：北京的环境污染与环境保护问题（尤其是雾霾及其引发的疾病问题，以"雾霾"为关键词搜索出的帖子数量在所有关键词中排名第一，见表3-20）；安全与犯罪问题；生活成本高昂、消费水平高和生活压力大问题；高房价、人口过多和交通拥堵等问题导致宜居性不高；职业选择、就业（尤其是毕业生与"北漂"的就业）和工作问题；优质教育资源的丰富程度、可得性和分配公平性问题（尤其是外地人子女上幼儿园、上学问题）；堵车、摇号和地铁涨价等交通与出行问题。

第四，根据北京城市品牌各个维度的重要性与评分，对安全与教育应重点营销，对环境与气候应着重改善，对地位、商业优势、交往、创新和产品服务应加强传播。

首先，在利益相关者眼中，安全与教育这两个维度不仅十分重要而且评分高。特别是"安全"，在数字时代，各种安全事故、犯罪事件在社交媒体上传播特别迅速，影响巨大。如伦敦地铁爆炸案与滴滴顺风车遇害事件等，但北京很少发生类似事件。不仅国内利益相关者对北京的安全评价很高；据百家号报道，来过北京的外国人也认为北京特别安全。因此，"安全"是北京向国内外游客、高端人才和投资者等进行城市品牌营销的主要卖点。建议北京市管理者与营销机构等合作，将安全与教育这两个维度作为北京的特色与优势进行重点营销，强调"北京是全球最安全的城市之一""北京拥有最丰富的优质教育资源"。

其次，利益相关者关注环境、生活成本、居住和气候这4个维度，但对它们的评价不高。虽然利益相关者认为北京生活成本高、房价贵，但正如某著名地产公司董事长所言，"高房价体现城市的竞争力与吸引力"。全球最具竞争力的城市，如纽约、伦敦和东京等均是寸土寸金。作为中国的首都，北京生活成本高、房价贵是正常现象，在某种程度上象征着北京在全国领先的城市品牌竞争力。因此建议北京的城市管理者投入优势资源着重改善北京的环境与气候这两个维度。

最后，虽然利益相关者对北京的地位（政治、经济和国际化地位）、商业优势、（国际）交往、科技创新和产品服务评价较高，但对它们的重视程度低。领导人与政府对北京的战略定位为全国的"政治中心、文化中心、国际交往中心、科技创新中心"，但利益相关者对这"四个中心"却不是特别清楚与重视，本研究在访谈过程中发现仅有少数利益相关者知道北京的"四个中心"战略定位，这表明传播力度不够。在数字时代下，建议北京的城市品牌管理者、营销机构和媒体等使用当前最为火爆的移动短视频等社交媒体加强对北京的"四个中心"城市战略定位的传播，使利益相关者意识到它们的重要性。此传播过程是双向的而不是单向的，建议鼓励各方利益相关者主动参与，与利益相关者积极互动、共创价值、实现多赢（详见第六章的论述）。

第四章　北京在外国人眼中的城市品牌形象

第一节　外国人对北京城市品牌形象的评分

一、研究方法

1. 问卷设计

本书使用问卷调查法收集数据。由于调查对象是外国人，问卷使用的语言为英文。

本章使用的问卷与第三章使用的问卷在内容上基本是一样的，部分内容由于调查对象的不同而进行了调整。

首先，部分外国人可能不熟悉北京品牌；或者虽然听说过某个品牌，但是不知道该品牌来自北京。因此，在让外国人评价北京的产品与服务之前，增加了两道多选题。第一道是：你熟悉哪个来自北京的品牌？——全聚德北京烤鸭、同仁堂中药、燕京啤酒、联想、百度、京东、美团、稻香村中国传统食品、小米、CCTV、新浪、360安全、雪花啤酒、李宁；第二道是：哪个来自北京的品牌你已经使用过几次？——全聚德北京烤鸭、同仁堂中药、燕京啤酒、联想、百度、京东、美团、稻香村中国传统食品、小米、CCTV、新浪、360安全、雪花啤酒、李宁。

其次，在调查对象的个人信息上，询问调查对象的永久居住国。

再次，根据国外的教育程度与收入水平划分习惯，对这两道题的问项进行了调整（详见表4-1）。

最后，根据在第三章中调查对象的反馈，优化了北京的情感城市品牌形象的答题选项，使其更清晰易懂。

在正式问卷调查之前，本书进行了预调查，主要对北京某高校的28位留学生进行了预调查，根据预调查的结果对原始问卷进行了优化，形成正式调查问卷。正式调查问卷参见附录2。

2. 调查对象

调查对象为外国人，这些外国人有些正在中国，有些来过中国，有些没有来过中国但对中国感兴趣；部分外国人来自发达国家，部分外国人来自发展中国家，因此可以比较北京在发达国家与发展中国家的利益相关者眼中的城市品牌形象的异同。

3. 数据收集

数据收集在2018年12月至2019年3月进行，历时4个月。问卷收集采用线上与线下收集相结合的方式完成。

（1）线下数据收集。线下问卷收集主要在北京完成，调查对象为在京的外国人。

第一，在北京的外国人聚集的地方收集数据，如：北京外国语大学、三里屯、北京大使馆区和望京SOHO等地，在星巴克、麦当劳和肯德基等处收集。线下收集数据时，同时询问调查对象对北京的整体印象、目前在北京的生活条件如何等问题。

第二，研究小组的一位留学生参加了一个在华外国人赴内蒙古旅游的活动，沿途进行问卷调查，并根据问卷询问调查对象对北京的态度，以及就城市品牌形象的不同维度在北京与中国其他城市之间进行比较。

第三，把本次调研作为一次《市场营销管理》课程的平时作业，计入学生平时成绩，要求每位学生收集1份问卷，学生们均认真地完成调研。

（2）线上数据收集。

第一，问卷在问道网在线问卷调查平台（www.askform.cn）发布，通过微信传播与回收，给予答题者微信红包奖励。通过微信在线收集数据的局限性在于调查对象主要为调查者的好友，且使用微信的外国人大多在北京或者曾经来过北京，一些国家的外国人没有使用过微信。

第二，为了弥补使用微信收集数据的局限性，使用 Facebook 作为数据收集的另一种方式，使用 Facebook 的好处有两个：一是调查对象不一定是调查者的好友；二是 Facebook 覆盖全球 130 多个国家，能够调查到来自更多国家的外国人。

通过上述步骤，共收集到有效问卷 418 份。

4. 样本特征

调查对象的样本特征如表 4-1 所示。

表 4-1 调查对象的样本特征

统计特征	分类	人数	百分比
来自发达国家或发展中国家	发达国家	138	33.00%
	发展中国家	280	67.00%
是否来过北京	是	250	59.81%
	否	168	40.19%
性别	男	187	44.74%
	女	231	55.26%
年龄	20 岁以下	9	2.15%
	20~35 岁	259	61.96%
	36~45 岁	117	27.99%
	46~55 岁	30	7.18%
	55 岁以上	3	0.72%
教育程度	高中以下	6	1.44%
	高中毕业	38	9.09%
	大学专科（如职业技术学校）	71	16.98%
	大学本科（在读）	107	25.60%
	大学本科（已毕业）	123	29.43%
	研究生（已毕业/在读）	73	17.46%
家庭年收入	低于 2000 美元	34	8.13%
	2000~4999 美元	41	9.81%
	5000~9999 美元	69	16.51%
	10000~19999 美元	69	16.51%
	20000~29999 美元	52	12.44%
	30000~39999 美元	40	9.57%
	40000~49999 美元	44	10.53%
	50000~79999 美元	38	9.09%
	80000~100000 美元	17	4.07%
	100000 美元以上	14	3.34%

二、数据分析

1. 来自不同国家的利益相关者眼中的北京城市品牌形象

本书运用 SPSS 20 统计软件对数据进行正态性检验，发现所有变量的数据均不服从正态分布。因此，本研究运用 SPSS 的非参数检验（独立样本 K－W 单因素方差分析）进行均值间的两两比较（张文彤，2011）。

本书对比来自发达国家与发展中国家的利益相关者眼中的北京城市品牌形象的异同，如表 4－2 所示。

表 4－2　来自发达国家与发展中国家的利益相关者眼中的北京城市品牌形象对比

维度	A（N＝138）	B（N＝280）	A－B	K－W 检验（p 值）	检验结果
安全	4.45	4.86	－0.41	0.004	差异显著
环境	4.25	4.24	0.01	0.967	差异不显著
气候	4.04	3.89	0.15	0.187	差异不显著
生活成本	3.32	3.11	0.21	0.126	差异不显著
健康保健	4.14	4.32	－0.18	0.267	差异不显著
教育	4.46	4.90	－0.44	0.002	差异显著
交往	4.70	5.01	－0.31	0.027	差异显著
文化娱乐	4.58	4.89	－0.31	0.022	差异显著
交通与基础设施	4.70	5.27	－0.57	0.000	差异显著
治理	4.37	4.61	－0.24	0.121	差异不显著
职业选择与就业	4.46	4.66	－0.20	0.304	差异不显著
政治经济地位	4.60	4.98	－0.38	0.004	差异显著
居住	4.35	4.46	－0.11	0.574	差异不显著
产品与服务	4.30	4.66	－0.36	0.007	差异显著
科技创新	4.62	4.75	－0.13	0.557	差异不显著
商业优势	4.79	5.08	－0.29	0.035	差异显著
国际化	4.66	4.88	－0.22	0.072	差异不显著
不愉快的－愉快的	3.99	4.60	－0.61	0.000	差异显著
令人沮丧的－令人兴奋的	4.25	4.72	－0.47	0.001	差异显著

续表

维度	A（N=138）	B（N=280）	A-B	K-W检验（p值）	检验结果
令人困倦的-令人激动的	4.56	4.79	-0.23	0.097	差异不显著
令人苦恼的-令人轻松的	3.73	4.13	-0.40	0.003	差异显著
痛苦的-幸福的	4.08	4.62	-0.54	0.000	差异显著
无趣的-有趣的	4.07	4.69	-0.62	0.000	差异显著
招人讨厌的-讨人喜欢的	4.33	4.57	-0.24	0.078	差异不显著
无聊的-开心的	4.41	4.83	-0.42	0.002	差异显著
购买意向	4.65	4.79	-0.14	0.407	差异不显著
旅游意向	4.91	5.38	-0.47	0.000	差异显著
求学意向	4.51	4.81	-0.30	0.113	差异不显著
居住、工作、生活意向	4.34	4.83	-0.49	0.001	差异显著
投资意向	4.67	4.94	-0.27	0.067	差异不显著

注：A表示来自发达国家的外国人，B表示来自发展中国家的外国人；A-B表示发达国家的利益相关者与发展中国家的利益相关者的评分差值；p值小于0.05表示差异显著；N表示有效样本量。

由表4-2可知，来自发达国家与来自发展中国家的外国利益相关者对北京城市品牌形象的评价是不同的。

（1）来自发展中国家的外国利益相关者评价高。除了环境、气候和生活成本这3个维度，来自发展中国家的外国利益相关者对北京城市品牌形象的评价普遍高于来自发达国家的利益相关者（见"A-B"列）。

（2）部分认知城市品牌形象差异显著。安全（差异为：-0.41）、教育（差异为：-0.44）、交往（差异为：-0.31）、文化娱乐（差异为：-0.31）、交通与基础设施（差异为：-0.57）、政治经济地位（差异为：-0.38）、产品与服务（差异为：-0.36）和商业优势（差异为：-0.29）这8个认知城市品牌形象的维度在发达国家与发展中国家的外国利益相关者眼中差异显著。其中，安全、教育、交通与基础设施差异大（差异绝对值大于0.40）且显著。

（3）大部分情感城市品牌形象差异大且显著。只有令人困倦的-令人激动的、招人讨厌的-讨人喜欢的这2个情感城市品牌形象的维度差异不显著；

其他 6 个情感城市品牌形象的维度均差异大（差异绝对值大于 0.40）且显著：不愉快的 – 愉快的（差异为：-0.61）、令人沮丧的 – 令人兴奋的（差异为：-0.47）、令人苦恼的 – 令人轻松的（差异为：-0.40）、痛苦的 – 幸福的（差异为：-0.54）、无趣的 – 有趣的（差异为：-0.62）、无聊的 – 开心的（差异为：-0.42）。

（4）部分意动城市品牌形象差异大且显著。旅游意向（差异为：-0.47）与居住、工作、生活意向（差异为：-0.49）这 2 个意动城市品牌形象的维度差异大（差异绝对值大于 0.40）且显著。

2. 北京品牌的品牌熟悉度与使用率

（1）品牌熟悉度。外国人最熟悉的北京品牌依次为：联想（73.44%）、CCTV（60.29%）、小米（46.89%）、百度（39.95%）、燕京啤酒（39.95%）、京东（30.86%）、李宁（14.83%）、新浪（14.59%）、美团（14.35%）、全聚德北京烤鸭（11.72%）、360 安全（11.47%）、同仁堂中药（8.13%）、雪花啤酒（5.26%）、稻香村传统中国食品（4.55%）。其中，外国人对联想、CCTV、小米、百度、燕京啤酒和京东这 6 个北京品牌较熟悉。

（2）曾使用或体验过的北京品牌。外国人曾使用过的北京品牌依次为：联想（43.78%）、CCTV（40.67%）、百度（27.99%）、小米（22.97%）、京东（20.33%）、燕京啤酒（17.70%）、美团（11.00%）、360 安全（7.42%）、李宁（5.50%）、新浪（4.78%）、全聚德北京烤鸭（4.55%）、雪花啤酒（3.59%）、同仁堂中药（2.63%）、稻香村传统中国食品（2.39%）。其中，外国人使用率较高的 5 个北京品牌为：联想、CCTV、百度、小米和京东。

第二节　外国人眼中的北京城市品牌形象各个维度的重要性

本书使用网络民族志方法分析外国人眼中北京的认知城市品牌形象各个维度的相对重要性。之所以不分析北京的情感与意动城市品牌形象，原因与前文类似，主要在于：在线社区中关于利益相关者对北京的情感性态度与行为意向的帖子较少且不好界定。

一、数据来源

通过广泛的网络搜索，本书选择数据最丰富的两个在线论坛进行研究：Expat in Beijing（外国人在北京论坛）与 the Beijinger。

第一，Expat in Beijing（外国人在北京论坛）。该论坛所提供的数据较丰富，活跃用户较多。截止到 2019 年 5 月 18 日，该论坛共有帖子 17759 个，主题 10620 个，成员 1740 人。

第二，the Beijinger（北京人论坛）。该论坛是特意为在北京的外国人设计的论坛，其数据有参考价值。该网站自身设置了 5 个类别：Employment（就业）、For Sale – Wanted（买卖交易）、Services（服务）、Personals（人事）、Housing（住房）。仔细阅读每一篇帖子，无关的帖子不计入统计，并把帖子重新归入如前所述的 16 个城市品牌的维度。

二、数据收集

本书参考现有文献（Larsen，2018），并根据北京的政治中心、文化中心、国际交往中心、科技创新中心的"四个中心"城市战略定位，以及"国际一流的和谐宜居之都"的目标，确认各个维度下的关键词，如表 4 - 19 所示。

在 Expat in Beijing 与 the Beijinger 两个论坛上使用关键词对北京城市品牌的 16 个维度（由于帖子数与回复数较少，把"政治经济地位"与"国际化"两个维度整合成"地位"）进行搜索，统计在各个维度下的帖子数、点击数和回复数。数据收集与整理在 2019 年 5 月进行，帖子的截止时间为 2019 年 5 月 18 日。之所以规定数据收集的时限，是为减少帖子数量时刻变化所造成的偏差。本书使用如下方法筛选出真正与本研究的主题相关的帖子。

第一，必须是与北京相关的，而不是泛泛的话题。例如，必须是讨论北京的环境问题，而不是泛泛的环境问题。对于标题中没有出现"北京"字样的帖子，逐一打开这些帖子进行阅读，从而判断是否归属于相应的维度。

第二，排除旅游类的恶意灌水广告，并将所有点击数大于 20000 次的帖子仔细排查，防止"恶意灌水"等问题使研究结果产生偏差。

三、各个维度的代表性帖子与回帖

各个维度的代表性帖子与回帖举例如表4-3至表4-18所示,因为本书是研究外国人眼中的北京城市品牌形象的各个维度的重要性,因此帖子与回帖不一定是一一对应的,选取的标准是具有代表性的、能够说明普遍问题的帖子与回帖。

1. 安全维度的代表性帖子与回帖

安全维度的代表性帖子与回帖如表4-3所示❶。

表4-3 安全维度的代表性帖子与回帖举例

维度	关键词	帖子举例	回帖举例
安全 (Safety)	安全 (Safety)	"北京最精彩的赛事不会让你宿醉,对于那些寻求与当今世界相关的教育活动的人来说,这是一个安全的选择"	"北京攀岩俱乐部组织良好,非常专业,最重要的是非常安全"
		"北京新建的摩天轮在发生故障后,数十名乘客滞留在半空中,乘坐摩天轮的游客不得不等半个小时才能安全返回"	"请从您的酒店取足够的零钱,因为如果他们兑换100元,然后给您50元,您永远无法确定这50元是不是安全的。这很可能是一个骗局"
		"北京的地下秘密:非法地下室的扩散被成功地保密了,它们使用起来并不总是安全的"	"不要去——歧视……他们声称有一个安全的环境,并且欢迎外国人。那是个谎言。他们只欢迎年轻而'有魅力'的人"
		"道路上的人的安全意识低,不遵守交通规则,没有注意交通灯,尤其是一些道路是非常孤立的,司机可能觉得没有必要注意交通灯"	"不知道什么原因,国航总是让我在内心深处感到安全"
	食品安全 (Food Safety)	"为了保证食品安全,北京O2O外卖平台将建立一个公众可访问的餐厅检查系统,让顾客知道他们点的食品是否安全"	"惊人地危及人们的安全,根本不在乎!……食物还行,但与上次相比有点不好。我的胃告诉我,厨房里显然不太干净"

---

❶ 所有的英文帖子与回帖均已翻译成中文。

续表

维度	关键词	帖子举例	回帖举例
安全（Safety）	食品安全（Food Safety）	"世界食品博览会即将在北京召开，将讨论食品安全标准、食品进口法规、消费趋势和总体发展"	"对于想品尝北京菜的外国游客来说，这个地方是个安全可靠的选择"
		"北京餐馆的食品安全/卫生检查员？我在北京的一家餐馆里吃了点东西……腹泻、呕吐、发烧、疼痛、消化不良、腹胀……"	"很难想象美国餐馆会这样做，因为没有人会吃不安全的食物。这充分说明了北京餐饮业的衰落"
	犯罪（Crime）	"地铁犯罪受害者警告说，银行卡易受攻击……本周，一名北京居民成为扒手的受害者，他的银行账户被偷走了300美元"	"防止犯罪分子得逞的最安全办法是，除非绝对必要，否则不要携带没有密码保护的卡"
		"最近，北京的酒吧斗殴已经成为一个热门话题……北京不是世界上最安全的大城市之一……"	"对北京近期形形色色的犯罪及其惩罚的盘点"
		"北京的罪与罚：一名学生袭击并杀害了一名教授，使得警方在中小学与大学里严厉打击携带刀具"	—
	诈骗（Fraud）	"北京的太极功夫骗局被一个姓徐的人揭穿并打倒"	"律师对合同欺诈的警告……这个警告由北京的一位律师所写。我的客户已经和一家公司签订了租赁合同，但该公司却声称不能按照租赁合同规定的日期退款"
		"超级 IPTV 是个骗局？……他们像北京、上海和广州的数百名外国人一样被骗了"	

如表4-3所示，在安全维度方面，利益相关者关注北京的各类安全隐患，尤其关注切身相关的安全问题，其中包括娱乐体育场所设施的安全问题与出行的安全问题。与中国人相比，外国人特别关注北京的食品安全问题。同时，关注在地铁、酒吧和学校等公共场所的犯罪问题，以及针对外国人的诈骗事件。

2. 环境维度的代表性帖子与回帖

环境维度的代表性帖子与回帖如表4-4所示。

表4-4 环境维度的代表性帖子与回帖举例

维度	关键词	帖子举例	回帖举例
环境 (Environment)	环境 (Environment)	"北京新建的空气净化公交线路出现故障,未能通过简单的空气质量指数测试"	"北京的环境非常好——月光皎洁的夜晚。只是被餐厅烟囱里冒出的一股巨大的浓烟'稍微'破坏了一下"
		"使用这些零浪费的旅游小贴士来减少对环境的影响,你将对环境产生真正的积极影响,并为那些追求环保的人改善环境"	"无论出现什么情况,Kro's Nest 都以提供吸烟环境为荣,直到政府制止为止"
		"用死海盐对抗北京的污染……可以肯定地说,由于北京的高污染水平,长期居住在北京的市民更容易患上此类疾病"	"污染城市中的一片绿地……一个名副其实的避难所,远离污染的城市丛林——那就是北京北海公园"
		"北京甚至没有进入世界上污染最严重的前100个城市,事实上,你可以看到北京在管理污染场所方面做得很好"	"改造与巨大的进步!在一个没有污染的日子里,北京周围的灯光与令人叹为观止的城市景色给人一种浪漫的感觉"
		"打开空调会把污染的空气带进室内吗?但是生活在北京的污染中,我对空气质量产生了浓厚的兴趣。我很快就将购买昂贵的空气净化器"	"这是一次愉快的经历,我想我会经常去那里,以逃避北京的噪声与污染,虽然它位于密云区古北口村"
		"北京的空气污染问题在2013年真正成为主流,从1月臭名昭著的'空气末日'开始,北京的空气质量创下历史新低"	"老实说,在北京污染严重的一天,没有什么比来一杯打折啤酒更好的了"
	污染 (Pollution)	"在北京获得生态天堂的美誉之前,我们还有很长的路要走"	"中国正在进行另一场全球性的权力的游戏——不是军国主义的、经济的、政治的,而是生态的"
		"永远干杯?北京灾难性的水资源短缺,没有什么值得庆祝的,但也付出了人类与生态的代价"	"黑豹野生动物保护站,我是北京的一名大学教师,我们组织了一场名为'生态周末'的活动"
		"水力压裂能拯救北京的天空吗?生态福祉依赖于页岩气。尽管燃料来源存在争议"	

如表4-4所示，在环境维度方面，利益相关者关注北京的空气质量、环境污染和生态环境问题，并对环境污染行为进行批评。与中国人不同，外国人对北京的环境褒贬不一，一些人对北京的环境问题进行了调侃；另一些人积极发现北京的环境问题并提出解决措施，而不是一味地批评。

3. 气候维度的代表性帖子与回帖

气候维度的代表性帖子与回帖如表4-5所示。

表4-5 气候维度的代表性帖子与回帖举例

维度	关键词	帖子举例	回帖举例
气候（Climate）	气候（Climate）	"上周六在北京举行的气候改善行动进展顺利"	"帮助我们拯救地球……Gung Ho 比萨（三里屯店）以'环境友好'与'改善气候'为荣"
		"国际青年能源与气候变化峰会（IYSECC）是一个开创性的、面向国际青年人的会议"	"房间又热又闷，还抽烟，这是怎么回事？今年，这些地方一直都是又热又闷——好像谁控制了气候，谁就会担心"
		"主要问题是气候的影响……气候变化是对北京的'严重威胁'"	"北京的'好'天气，由于烟雾弥漫，你几乎看不到酒吧的另一边"
	气温（Air Temperature）	"北京气温飙升至39摄氏度，创50年来的最高纪录"	"在愚公移山（北京的摇滚俱乐部），你永远不会错过最好的乐队与最热门的演出。但也许夏天去太热了。有时候我就是受不了里面的温度"
		"北京的夏天并不总是那么美好，气温骤升、空气干燥……吃这些清凉的北京夏季食物可以帮你降低体温"	"温度太高了，即使在轻松的环境中吃饭也有点不舒服……不过，我喜欢这个地方"
		"3种最好的舒缓汤，来驱散北京零下的气温……由于北京的气温降到零摄氏度以下，我们的饮食要求放弃沙拉而改喝热汤与吃炖菜"	—

如表4-5所示，在气候维度方面，利益相关者关注北京的气温与气候变化问题。与中国人相比，外国人觉得北京夏天热、冬天冷，尤其是北京干燥炎热的夏天让他们感到心情烦闷，他们通过调整饮食等方式来改善情绪，同时关注北京的气候改善行动。

4. 生活成本维度的代表性帖子与回帖

生活成本维度的代表性帖子与回帖如表4-6所示。

表4-6 生活成本维度的代表性帖子与回帖举例

维度	关键词	帖子举例	回帖举例
生活成本（Cost of Living）	生活成本（Cost of Living）	"小蓝单车与摩拜单车悄无声息地将骑行成本提高了一倍。到目前为止，此次提价仅在北京进行"	"我没有在广告、网站或评论中看到在北京的生活成本。来吧，告诉刚来北京的外国人要花多少钱"
		"北京的灯光，离家的代价……他们不明白北京有什么吸引我留下来。当然，我自己知道原因。我在这里遇到的人与经历极大地丰富了我的生活"	"精英牙科诊所，愉快的经历。总体来说，经验不错。代价是昂贵的，但不是无法承受的"
		"在北京的外国人可以享受住在一线城市的生活，而不用支付像上海那么高的价格，这种优势似乎会最终显示出来"	"我在北京（某）购物中心买了3件夹克，质量很不错，但是价格很昂贵"
	消费（Consumption）	"前门作为旅游热点的日子屈指可数了。在北京的外国人有意避开这个地区，因为这里的商业街拥挤、消费水平高"	"需要创造归属感吗？到这里来！……北京的一个社区，它的消费水平虽高，却让人难以抗拒"
		"你听说过北京的798吗？……那998呢？五棵松，天知道它以哪里来的数字命名，正成为新的高消费地带"	"它位于非常接近鼓楼的一个小巷子里面，不容易找到……这是我去过的北京最好的咖啡馆之一，价格很公道"
		—	"春节期间去北京（凤凰岭）自然（风景区）公园远足，以尽量减少生活开支"

续表

维度	关键词	帖子举例	回帖举例
生活成本（Cost of Living）	生活压力（Life Stress）	"在国外生活的压力下挣扎？……搬到一个新城市可能会有压力，更不用说搬到一个新的国家了"	"在北京的生活为你开启了无数新的经历与冒险之门……但这也很容易让你忽视在北京生活的不太积极的方面与压力"
		"人民币1000元，这次英语讲座将帮助您应对在北京生活的压力"	"在一天紧张的工作结束的时候，或者在一周'压力山大'的工作结束后和朋友们出去吃饭的时候，Let's系列餐厅是最佳的放松去处"
		"如何缓解在北京的压力？……幸运的是，北京也是一个快速发展的服务中心，可以应对生活压力"	"在北京，工作、交通和家庭生活给人们带来了很大的压力，这对他们的心脏不太好"
		"在北京节奏快、效率高、压力大。这个过程几乎把我们累坏了"	—

如表4-6所示，在生活成本维度方面，利益相关者认为北京的生活成本高昂、消费水平高、生活压力大。与"北漂"的中国人相比，外国人在北京生活压力虽大，但他们会想方设法来缓解压力与降低生活成本，而不是选择逃离北京。

5. 健康保健维度的代表性帖子与回帖

健康保健维度的代表性帖子与回帖如表4-7所示。

表4-7 健康保健维度的代表性帖子与回帖举例

维度	关键词	帖子举例	回帖举例
健康保健（Health Care）	健康（Health）	"一个外国人，在北京获得居住许可之前，你需要得到一份健康证明"	"如果你对自己的健康状态感到满意，不想损害自己的健康，我强烈建议大家不要去北京的某Sandwiches & Bar"
		"你在中国有健康问题吗？……我在中国待了两年之后出现了严重的健康问题，不得不在合同到期之前离开"	"北京国际动物康复中心……伟大的兽医！关于我的猫的健康与幸福，这里的团队总是能很快发现与解决问题"

续表

维度	关键词	帖子举例	回帖举例
健康保健（Health Care）	保健（Health Care）	"北京的精神健康顾问与资源……Raffles医疗拥有很多满足心理健康需求的专家，为所有年龄段的人群提供心理健康与咨询服务" "心理健康亲善组织与团体，专为中英文与外籍人士而设……心理健康状况不佳的人可能会在北京街头举办派对，以增加自己的心理健康资源"	"在北京我们花时间享受哈瓦那雪茄的地方，此处可以装修一下，但吸雪茄对健康有害"
	医疗（Medical Care）	"不是算命，而是为了健康……如果你之前从未尝试过腹部针灸……"	"在北京天坛普华医院，如果您有Bupa、Allianz和Cigna等签发的健康保险卡，您的医疗费用可以由您的保险公司来承担"
	医保（Medical Insurance）	"当你在北京获得医保服务的时候，请参阅亚洲医疗保健博客的摘录"	"脖子疼了好一阵子，我终于检查一下，但我没有健康保险"
		"有人能给我解释一下这个新的医保账单吗？……这项医疗改革旨在提高全民健康，但这似乎并不是医保领域的突破性改革"	—
		"中国计划到2020年完成医疗改革。中国政府的目标是到2020年完成具有里程碑意义的医疗改革，以确保基本医疗服务成为一项'公共服务'"	"全民医保，但这似乎并不是在医疗保健方面的突破性改革"

如表4-7所示，在健康保健维度方面，利益相关者关注北京的健康、保健、医疗和医保。在北京出现健康问题与医疗费用高是促使外国人逃离北京的原因之一。与中国人相比，外国人更关注贴近日常生活的健康保健问题，同时也更关注北京的宠物医疗与兽医诊所。

6. 教育维度的代表性帖子与回帖

教育维度的代表性帖子与回帖如表4-8所示。

表4-8 教育维度的代表性帖子与回帖举例

维度	关键词	帖子举例	回帖举例
教育 (Education)	教育 (Education)	"这次博览会不仅汇集了北京众多的学校,还有来自北京本地与外籍家长社区的各种各样的参与者……本届世博会将会是一个以教育为重点的综合性盛会"	"我已经在北京住了两年多,我花了很长时间才决定开始学习汉语"
		"让您的孩子在北京Jingkids国际学校博览会上得到最好的教育……来自家长与专家的教育论坛,为创业学生举办的活动,还有很多……类似的教育活动汇集了大量的北京学校"	"我不知道北京大学的教育水平怎样,但至少食堂又好又便宜"
	奖学金 (Scholarship)	"我向我的很多朋友要了一些大学的学费清单,或者一些我可以申请的奖学金,但那时所有的奖学金都已经关闭了"	"你为什么来北京？——我通过中国政府获得了攻读博士学位的奖学金"
		"来看看中国的6家慈善机构为争取今年的Chi Fan慈善基金所做的努力吧……奖学金惠及40余户家庭,预计培训影响超过220人"	—
	课程 (Course)	"在线课程有很大的折扣！……在线课程,哪一门对你比较好？越来越多的在京外国学生需要在线课程"	"我很高兴找到这所学校,它有具有特色的小组课程"
		"在北京,我们很幸运地拥有一些设施一流的学校。FSC是一个项目,它允许你作为一个老师指导学生的生活,同时也挑战他们的学业"	"北京胡同学校,一流的教育,公平的价格和如此多的乐趣！我在北京胡同学校上了4个月的中文小组课与额外的私人课,我对我在中文方面的进步感到非常高兴"

续表

维度	关键词	帖子举例	回帖举例
教育（Education）	留学（Study Abroad）	"斯坦福大学关闭了在北京的留学项目，在北京的其他中心，作为讲师和管理人员的注册人数都有所下降。最近，在北京周边的留学中心，有很多人在反思为什么这么多项目的学生人数与几年前相比都在急剧下降"	"我的春季学期选择在北京学习，而不是去西班牙或法国，我更喜欢北京"
		—	"我现在可以自信、流利地说中文了……每周都有外国留学生来聊他们在北京的生活"

如表4-8所示，在教育维度方面，利益相关者认为北京拥有丰富的教育资源。与中国人不同，外国人关注奖学金、在线课程和一些自己感兴趣的特色课程；很多外国人来北京留学的重要原因是中国政府提供奖学金；越来越多的外国人想要学习汉语。

7. 交往维度的代表性帖子与回帖

交往维度的代表性帖子与回帖如表4-9所示。

表4-9 交往维度的代表性帖子与回帖举例

维度	关键词	帖子举例	回帖举例
交往（Encounters）	交往（Encounters）	"寻找浪漫的邂逅……来一次浪漫的邂逅，看看会发生什么。去喝咖啡约会也许不错"	"网络之爱：令人尴尬的邂逅"
		"与中国人交往，我了解到中国的基本价值观与文化规范"	"漫游北京，我遇到了说英语的人，我也听到了说德语与说法语的人在交谈……形形色色的人都有……多元文化的融合"
		"离开几年后我将重返北京，北京是一个居住的好地方，我很想念。……如果你与某人交往，与人相处是最重要的"	—

续表

维度	关键词	帖子举例	回帖举例
交往（Encounters）	交流（Communication）	"谁说中文难学？……学习著名地标的历史，带你的朋友参观北京，告诉他们这座历史名城的故事。融入当地环境，与胡同里的人交流，与公园里的女士们跳舞，了解年青一代的潮流"	"想在日常生活中用中文交流？如果是这样，请联系我"
		"我在北京面临的最大挑战是交流和与中国人交往"	"当我一直说中文的时候，我有点担心我的中文交流能力"
	寻找（Seek）	"真诚地寻求爱情与门当户对的婚姻！……我热爱我的工作，但更热爱生活。我是一个非常积极向上的人，善于沟通"	"一群粗野的人，来到这里寻求精神上的安慰与一段良好的友谊"
		"我是一个英俊的美国小伙，蓝眼睛、棕色头发，是一个住在北京的白人。我正在寻找一个女性朋友，愿意交换微信与了解对方"	"我是一个在北京的外国女孩，我喜欢交朋友。我今年30岁，长得很漂亮，身高175厘米，体重59公斤，我的爱好是看风景、爬山、散步和看电影"
		"我去过一些西方国家，也在伦敦与荷兰住过一段时间，但我最喜欢北京，想在这里寻找生活伴侣"	"我是33岁的女性，我正在寻找朋友一起出去玩。我会说汉语、俄语和英语。我在北京已经住了5个月。我性格随和、思想开放。让我们交朋友，一起探索北京、语言交流、周末一起出去玩"
		"艺术家寻找捐助者……寻找一位捐助者。你会在我的鼓励下追求你的事业，我也会在我的鼓励下追求我的艺术"	—

如表4-9所示，在交往维度方面，利益相关者关注男女的邂逅、交往和交流，很多外国人认为北京是一个多元文化融合的城市，想在北京寻找爱情、伴侣、朋友甚至是捐助者，从而了解中国文化。此外，语言交流的原因促使他们寻找一起生活的伙伴。

8. 文化娱乐维度的代表性帖子与回帖

文化娱乐维度的代表性帖子与回帖如表4-10所示。

表4-10 文化娱乐维度的代表性帖子与回帖举例

维度	关键词	帖子举例	回帖举例
文化娱乐（Culture and Leisure）	休闲/娱乐（Leisure/Entertainment）	"如果你想悠闲地滑冰，那么这里不适合你。虽然认真的溜冰者将享受这个滑冰场提供的高质量课程"	"当地的大学酒吧……在北京的大学酒吧，Pyro披萨，你和朋友一起去享受一个愉快的夜晚，或是一个悠闲的午餐"
		"朗园（北京石景山区）国际美食节……足以激起你的食欲。还有舞蹈表演、现场音乐和电影放映，让你在同一时间享受多种娱乐"	"纽约著名的FAO Schwarz玩具店本周六将在北京开业，这种将购物当作娱乐的方式，将是一种新的购物体验"
		"北京最适合划船的地方……吸引那些想要在一个悠闲的下午外出，并欣赏美丽风景的人群"	"在北京待了6年。我宁愿放弃在任何一个大型现场演出，也要去Temple酒吧演奏，或者去那里看一个我最喜欢的乐队"
	文化（Culture）	"从有影响力的人物到胡同，北京的餐饮业正在经历一场巨变……将中国传统文化与现代烹饪风格相结合已成为一大发展趋势"	"我在北京的文化园的20个小时学到的东西比我在其他地方一年学到的还要多……我只希望我住在北京市中心，这样我就可以更多地参加他们的其他活动"
		"占地2000平方米的满族民俗文化博物馆，坐落在北京市怀柔区满族乡北部的山脚下。它拥有超过900件后汉朝的文物，其中包括500件从当地收集的文物"	"在东四胡同博物馆，现代设计与老北京文化相遇"
		"阜成门内大街将被重建，看起来就像从未被重建过一样……街道改造是重建一条充满人文气息的生活老街，是这种文化的家园……城市休闲区看起来很像前门大街——一条位于城市中心的步行街"	"老舍茶馆是以中国著名作家老舍先生的名字命名的，而'茶馆'则是以老舍先生著名作品的名字命名的"

续表

维度	关键词	帖子举例	回帖举例
文化娱乐（Culture and Leisure）	艺术（Art）	"画笔是剑，心灵是艺术之战的战场……在北京举办的几场计时比赛中，北京的创意者们较量着自己的艺术智慧"	"北京金鼎轩，也许将来会有一天在此举行中国画或中国传统艺术的拍卖会"
		"我第一次来北京其实只是为了学习汉语，但后来我在这里发现了我的人生目标：中国功夫艺术"	"法国音乐剧《巴黎圣母院》将在北京天桥艺术中心上演，演出使用法语，配有英文和中文字幕"

如表4-10所示，在文化娱乐维度方面，利益相关者喜欢在北京寻找各类休闲娱乐的室内、室外场所，并对北京的传统文化、消费文化和人文气息非常感兴趣。与中国人相比，外国人同时还关注北京的艺术，如：北京的艺术活动、艺术演出和中国功夫艺术等。

9. 交通与基础设施维度的代表性帖子与回帖

交通与基础设施维度的代表性帖子与回帖如表4-11所示。

表4-11 交通与基础设施维度的代表性帖子与回帖举例

维度	关键词	帖子举例	回帖举例
交通与基础设施（Transport and Infrastructure）	物流（Logistics）	"以下是北京新机场的内部情况，尽管它在美学上令人印象深刻，但可能会遇到一些严重的物流障碍"	"政府继续将制造业、物流中心和批发市场迁出北京"
		"北京支持在CBD与中关村地区实行弹性工作制，以缓解交通压力……一位官员说，在努力解决交通拥堵的过程中，应鼓励采取灵活的工作时间。交通拥堵是北京的一个普遍问题，造成了大量的交通堵塞，弹性工作时间可能是解决这个问题的一种方法"	"北京交通拥堵最严重的地区……在早上7点到9点30分之间，以及下午4点30分到7点30分之间，有几个地方我甚至没有考虑打车，或者不惜一切代价避免让出租车司机把我带到附近。对我来说，它们是人间地狱般的交通堵塞区，让你陷入一种永恒的感觉"

续表

维度	关键词	帖子举例	回帖举例
交通与基础设施 (Transport and Infrastructure)	物流 (Logistics)	"北京航班因机组人员遭遇交通堵塞而延误"	"张家口到北京的交通堵塞……一个严肃的问题：我还能往返八达岭吗？"
		—	"北京机场快轨有时比出租车快，尤其是更舒适，感觉就像你坐在机场大厅里，一点也不像地铁，而且更便宜"
	交通 (Transport)	"北京新的基础设施建设被当地人指责为'不方便'……其实这些新的基础设施缓解了西二环与西三环的交通压力"	"当我第一次到达北京国际机场的时候，我被我所看到的一切惊呆了，现代化的基础设施与干净的环境——这些都是我以前在电影或视频中才能看到的"
		"未来两年，北京将斥资10亿元人民币（约合1.47亿美元）建设新的旅游景点"	"北京宣布了保护零工经济工人的计划。北京快递司机短缺……宿舍将作为公共基础设施的一部分"
		"在北京骑自行车比你想象的要好得多……我没想到会如此令人愉快。原因是：与许多西方城市相比，北京的基础设施更好"	—

如表4-11所示，在交通与基础设施维度方面，利益相关者关注北京的物流、交通拥堵与基础设施建设的问题。相比于中国人，外国人对北京的基础设施总体上持赞赏态度。

10. 治理维度的代表性帖子与回帖

治理维度的代表性帖子与回帖如表4-12所示。

表4-12 治理维度的代表性帖子与回帖举例

维度	关键词	帖子举例	回帖举例
治理 (Governance)	政府 (Government)	"尽管政府采取了打击措施，但虚假的网上租房信息仍在激增"	"北京政府维护像紫禁城这样的完好的、具有重要历史意义的地方，干将非常出色！确保一切工作顺利，维护良好"

续表

维度	关键词	帖子举例	回帖举例
治理 (Governance)	政府 (Government)	"北京最大的电子产品市场百脑汇将于6月关闭……这是北京政府为限制城市人口无序增长所做的努力"	—
		"北京向塑料袋宣战……随着北京政府鼓励企业不要使用塑料袋,北京正在慢慢采取措施解决这个问题"	"为了让外国游客更容易进入北京的公共交通系统,北京市政府决定翻译英文标识,并用拼音显示目的地名称"
	治理 (Governance)	"北京将重新安置中产阶级,为富人留下更多的空间……从去年北京'低端'人口撤离开始,政府已出台了关闭批发市场的政策"	"根据北京市交通委员会公布的一份文件,在地铁里吃东西、大爷式占座和叫卖商品都属于不文明行为……将对此进行治理"

如表 4-12 所示,在治理维度方面,利益相关者关注北京的人口限制政策,同时对北京市政府治理污染、维护文化遗产和治理不文明行为等方面的工作给予肯定。与中国人相似,外国人也特别关注北京市政府疏解非首都功能、控制人口数量的政策与相关措施。

11. 职业与就业维度的代表性帖子与回帖

职业与就业维度的代表性帖子与回帖如表 4-13 所示。

表 4-13 职业与就业维度的代表性帖子与回帖举例

维度	关键词	帖子举例	回帖举例
职业与就业 (Employment and Career)	就业机会 (Employment Opportunity)	"想在北京教书?新诺外教诚聘有志之士加入我们的团队"	"在浏览了那么多中文教学学校与兼职导师的选择后,我决定选择 Mandarin Zone"
		"我们与外籍教师签订合同,在他们来北京之前,我们总是尽我们最大的努力帮助他们。我们也可以保证我们在北京的所有学校都为外国人提供良好的位置。除此之外,我们还为你提供有竞争力的薪资福利。我们会非常耐心,一步一步地指导你,在你在中国的整个过程中都给予你帮助。我们不在乎你过去的生活或经历,我们会开发你的潜力。这在另一个城市是不可能的"	"在故宫参加下一届中国国际服务贸易交易会,体验全球最大的服务贸易平台之一,以及寻找工作的大好机会"

续表

维度	关键词	帖子举例	回帖举例
职业与就业（Employment and Career）	职业（Employment）	"深受北京生活的影响。当地人有着令人难以置信的职业道德，这是我从未想过的情况。当地人的职业道德给了我最大的启发。在未来，我计划与我的同胞分享我在北京的经验与教训，通过倡导正直的生活与强烈的职业道德，为我国的积极改革做出贡献"	"我在北京有合法的职业，有合法的文件和注册。5月左右我回美国参加了一个婚礼，9天后我再回到北京。所以我的问题是，这会影响我的新签证申请吗？"

如表4-13所示，在职业与就业维度方面，利益相关者关注北京的就业机会与签证问题，很多外国人想在中国寻找语言类教书的兼职工作。此外，外国人十分佩服中国人的敬业精神与职业道德。

12. 地位维度的代表性帖子与回帖

地位维度的代表性帖子与回帖如表4-14所示。

表4-14 地位维度的代表性帖子与回帖举例

维度	关键词	帖子举例	回帖举例
地位（Status）	地位（Status）	"北京是中华人民共和国的首都，是政治、文化、交通、旅游和国际交流的中心"	—
	国际化（International）	"在新一代的推动者的力推下，北京正成为国际音乐的天堂"	"北京，除了是一个发达的城市之外，还是一个国际化的城市"
		—	"对于住在CBD的北京人来说，海淀似乎是一个遥不可及的角落，让人想起挥霍无度的年轻人、廉价的食物，甚至是更便宜的啤酒。这里甚至不像北京了，有来自世界各地的国际学生"

如表4-14所示，在地位维度方面，利益相关者关注北京的政治、文化和国际化等地位，外国人觉得北京越来越国际化。

13. 居住维度的代表性帖子与回帖

居住维度的代表性帖子与回帖如表4-15所示。

表 4-15 居住维度的代表性帖子与回帖举例

维度	关键词	帖子举例	回帖举例
居住 (Housing)	住房 (House)	"我的胡同大宅,两间房,3 张床,私人浴室,有屋顶露台,美妙的地方"	"我刚到北京不久,看到很多公寓在出售。外国人能买到这样的住房吗?如果可以的话,两间房的相对价格是多少?"
		"在这个网站上找房子的人似乎很少。如果你是外国人,不太懂中文,你更喜欢用什么网站在北京找房子?"	"'北京租房指南'告诉你在谈判租赁合同、条款和押金时的用语"
		"北京市中心的四合院,在院子里的树下睡觉,让你感受北京的真实生活……这里交通十分便利,崇文门地铁站非常近"	—

如表 4-15 所示,在居住维度方面,利益相关者关注北京的居住条件与租房信息。而外国人对北京房价过高问题的体会不如中国人那样深刻,很少亲身体验到"蚁族"那样的生活。

14. 产品服务维度的代表性帖子与回帖

产品服务维度的代表性帖子与回帖如表 4-16 所示。

表 4-16 产品服务维度的代表性帖子与回帖举例

维度	关键词	帖子举例	回帖举例
产品服务 (Goods and Services)	服务 (Services)	"世界各地的宗教,在北京总有数量惊人的复活节服务"	"我们的司机来自国有出租车公司,有丰富的长城等北京景点的 20 多年的交通经验,众多五星级的评价证明,我们的服务是最好的"
		"机器人正在接管北京的食品服务业,并使之变得更好"	—
		"北京最好的 7 家体育酒吧……由于服务周到,餐厅与酒吧已经名副其实地成为外国人最喜欢的聚会场所"	—
	产品 (Goods/Product)	"北京最好的手工野餐篮产品……今年夏天,用北京最好的手工制品彻底改变你的野餐篮吧"	—

如表 4-16 所示,在产品服务维度方面,利益相关者关注在北京遇到本国重大节日时是否有相应的服务,以及北京酒吧、餐厅和出行的服务质量;同时关注北京的传统手工艺产品。

15. 科技创新维度的代表性帖子与回帖

科技创新维度的代表性帖子与回帖如表 4-17 所示。

表 4-17 科技创新维度的代表性帖子与回帖举例

维度	关键词	帖子举例	回帖举例
科技创新(Scientific and Technological Innovation)	创新(Innovation)	"特斯拉在北京成立新的技术创新中心"	"北京顶级的烹饪创意,受日本与纽约等地的影响,为北京创造独特的现代风格"
		"在过去几年里,北京对创新与创业给予了毫无保留的支持"	
		"箭厂空间是一个创新的空间,艺术会出现在你最意想不到的地方"	"我可以自信地说,我从未在北京 798 艺术区看到过糟糕的展览。这里的展览一贯高质量,展示了一些来自世界各地的创新作品"
	技术(Technology)	"北京的科技是如此的先进……马拉维就没有。北京的技术就在那里,这是每个人都钦佩的东西……中国每天都在进步,这表明中国人是多么的敬业"	"北京的生活非常好。我喜欢北京的快节奏和伟大的科技"
		"北京如何在解决土壤污染问题上取得技术突破"	—
		"北京首都国际机场正式实施人脸扫描技术。经过两年的试验,该技术已在北京首都国际机场正式安装。北京是中国首个在机场正式实施人脸识别技术的城市"	—

如表 4-17 所示,在科技创新方面,利益相关者认为北京政府近年来给予创新与创业大力支持,北京在科技创新上进步迅速,取得了一系列创新科技成果。与中国人相比,外国人不仅关注北京在科技上的创新成果,同时还关注北京在艺术上的创新成果。

16. 商业优势维度的代表性帖子与回帖

商业优势维度的代表性帖子与回帖如表 4-18 所示。

表 4-18 商业优势维度的代表性帖子与回帖举例

维度	关键词	帖子举例	回帖举例
商业优势（Business Potential）	商业优势（Business Potential）	"为什么在 2022 年北京冬奥会之前，北京的商业如此繁荣……对于专业人士、业余滑雪爱好者和投资者来说，商业前景一片光明"	"去年，为了挖掘北京土壤的商业潜力，当地政府给了他一个机会"

如表 4-18 所示，在商业优势方面，利益相关者关注 2022 年北京冬奥会之前的巨大商机。

四、数据汇总

本书汇总 Expat in Beijing 与 the Beijinger 两个论坛上关于北京城市品牌的 16 个维度的帖子数、点击数和回复数，如表 4-19 所示。

表 4-19 北京城市品牌的 16 个维度的帖子数、点击数和回复数汇总

\multicolumn{3}{Expat in Beijing}		维度	\multicolumn{3}{the Beijinger}		
回复数	点击数	帖子数	关键词		关键词	帖子数	点击数	回复数
16	44574	437	安全	安全	食品安全	15042	2225325	3981
12	2040	29	诈骗		诈骗	279	27063	3
8	7986	76	犯罪		犯罪	137	36305	6
1	583	2	污染	环境	环境	3028	499620	297
5	4059	9	生态		污染	753	99396	18
12	8224	32	气候	气候	气候	483	75348	12
1	857	5	气温		气温	287	120198	35
5	19092	74	消费	生活成本	生活成本	6501	756468	28
43	34100	122	生活压力		消费	7040	1058869	35
					生活压力	3145	330225	9
4	48714	353	健康	健康保健	健康	1649	587044	152
					保健	743	190951	16
					医疗	519	166080	24
					医保	704	155584	37

续表

	Expat in Beijing		维度		the Beijinger		
3	3152	64	奖学金	教育	教育	3822	51972	19
—	1668	2	课程		奖学金	78	9672	2
2	3380	65	留学		课程	2196	117168	157
					留学	1547	150059	67
9	10780	28	交往	交往	交往	408	121584	43
125	62592	652	交流		交流	527	161262	58
16	124410	145	寻找		寻找	624	151632	21
15	15417	47	休闲	文化娱乐	休闲	132	94620	12
13	27606	258	娱乐		娱乐	1065	89284	8
					文化	2156	235004	36
2	4883	16	艺术		艺术	843	88515	12
14	49342	67	物流	交通与基础设施	物流	154	73298	9
9	72806	198	交通		交通	964	80660	43
5	7839	46	基础设施		基础设施	162	42768	3
4	6295	19	治理	治理	政府	1325	102672	18
					治理	1059	81235	12
3	55350	39	就业机会	职业与就业	就业机会	942	19782	6
42	69732	1409	求职		求职	2597	161365	35
8	21075	281	地位	地位	地位	732	87256	13
					国际化	461	47098	62
5	37960	73	住房	居住	住房	6362	723902	25
26	152870	362	居住		居住	2653	62047	18
4	15427	154	服务	产品服务	服务	1367	250274	23
17	47584	256	产品		产品	745	10064	8
42	88725	209	创新	科技创新	创新	179	15394	5
2	1744	16	科技		科技	562	109547	13
6	9825	10	商业优势	商业优势	商业优势	3896	307784	28

注："维度"一列中的各个维度分别用左、右两侧的"关键词"列中的相关关键词进行搜索。

如表 4-19 所示，统计两个论坛中，16 个维度下的帖子总数、点击总数和回复总数。根据数量分别对 16 个维度的帖子总数、点击总数和回复总数进行排名（见表4-20中①~③列括号中的数字）。参考现有文献的研究方法（Larsen，2018），根据排名分别对各个维度的帖子总数、点击总数和回复总数进行赋值：第1名赋值160分、第2名赋值150分、第3名赋值140分、……、第16名赋值10分（见表4-20中的①~③列中的分数）。将各个维度的帖子总数分数、点击总数分数和回复总数分数相加，得到网络民族志研究的总分，并对各个维度的总分进行排名（见表4-20中的④列）。排名顺序依次为：安全、生活成本、健康保健、教育、环境、居住、文化娱乐、交往、职业选择与就业、交通与基础设施、产品服务、商业优势、地位、科技创新、治理、气候。如表4-20所示。

表4-20 北京城市品牌的16个维度的相对重要性

维度	① 帖子总数、排名和分数	② 点击总数、排名和分数	③ 回复总数、排名和分数	④ 重要性总分与排名
安全	16000 (2) 150分	2343293 (1) 160分	4026 (1) 160分	470分 (1)
环境	3792 (9) 80分	603658 (6) 110分	321 (2) 150分	340分 (5)
气候	807 (16) 10分	204627 (14) 30分	60 (13) 40分	80分 (16)
生活成本	16882 (1) 160分	2198754 (2) 150分	120 (6) 110分	420分 (2)
健康保健	3968 (7) 100分	1148373 (3) 140分	233 (5) 120分	360分 (3)
教育	7774 (4) 130分	337071 (8) 90分	250 (4) 130分	350分 (4)
交往	2384 (12) 50分	632260 (5) 120分	272 (3) 140分	310分 (7)

续表

维度	① 帖子总数、排名和分数	② 点击总数、排名和分数	③ 回复总数、排名和分数	④ 重要性总分与排名
文化娱乐	4517 (6) 110 分	555329 (7) 100 分	98 (7) 100 分	310 分 (7)
交通与基础设施	1591 (13) 40 分	326713 (9) 80 分	83 (9) 80 分	200 分 (10)
治理	2403 (11) 60 分	190202 (15) 20 分	34 (15) 20 分	100 分 (15)
职业选择与就业	4987 (5) 120 分	306229 (12) 50 分	86 (8) 90 分	260 分 (9)
地位	1474 (14) 30 分	155429 (16) 10 分	83 (9) 80 分	120 分 (13)
居住	9450 (3) 140 分	976779 (4) 130 分	74 (11) 60 分	330 分 (6)
产品服务	2522 (10) 70 分	323349 (10) 70 分	52 (14) 30 分	170 分 (11)
科技创新	966 (15) 20 分	215410 (13) 40 分	62 (12) 50 分	110 分 (14)
商业优势	3906 (8) 90 分	317609 (11) 60 分	34 (15) 20 分	170 分 (11)

注：④列中各个维度的分数等于①~③列中各个维度的分数相加；各列中括号中的数字表示在16个维度中的排名。

第三节　外国人眼中的北京城市品牌"重要性－评分"矩阵

基于前文所述的 IPA（重要性－绩效评价分析）理论，并根据前述研究步骤的结果，以下综合分析北京城市品牌的评分与相对重要性。

第一，在问卷调查中，本书使用 7 点李克特量表对北京的认知城市品牌形象进行测量，将评分均值大于等于 4.6 分（偏向"同意""非常同意""完全同意"）的维度归类为高评分；评分均值在 4~4.6 分（"中立"）的维度归类为中等评分；评分均值小于 4 分（"完全不同意""非常不同意""不同意"）的维度归类为低评分。

第二，根据各维度重要性总分的分布，将总分大于等于 330 分的维度归类为重要性高；将总分在 170~330 分的维度归类为重要性中等；将总分小于等于 170 分的维度归类为重要性低。结果如表 4-21 所示。

表 4-21　北京城市品牌的 16 个维度的评分与重要性

维度	安全	生活成本	健康保健	教育	环境	居住	交往	文化娱乐	就业	交通	商业优势	产品服务	地位	科技创新	治理	气候
评分	4.72 高	3.18 低	4.26 中	4.75 高	4.24 中	4.42 中	4.91 高	4.79 高	4.59 中	5.08 高	4.98 高	4.55 中	4.86 高	4.71 高	4.53 中	3.94 低
重要性	470 高	420 高	360 高	350 高	340 高	330 高	310 中	310 中	260 中	200 中	170 低	170 低	120 低	110 低	100 低	80 低

注："交通"即"交通与基础设施"，"就业"即"职业选择与就业"，评分分数为 418 份问卷的均值。

本书将表 4-21 中的数据转换为北京城市品牌"重要性－评分"矩阵，如图 4-1 所示。

由图 4-1 可知，第一，利益相关者认为安全与教育这两个维度非常重要且对它们的评分均很高，需要对这两个维度进行重点营销。

第二，利益相关者认为生活成本、环境、健康保健和居住这 4 个维度很重要，但对它们的评分不是很高，需要根据实际情况有重点地对这 4 个维度进行改善。

第三，利益相关者对北京的商业优势、地位和科技创新这3个维度的评分高，但对它们不重视，需要对这3个维度加强传播，让利益相关者意识到它们的重要性。

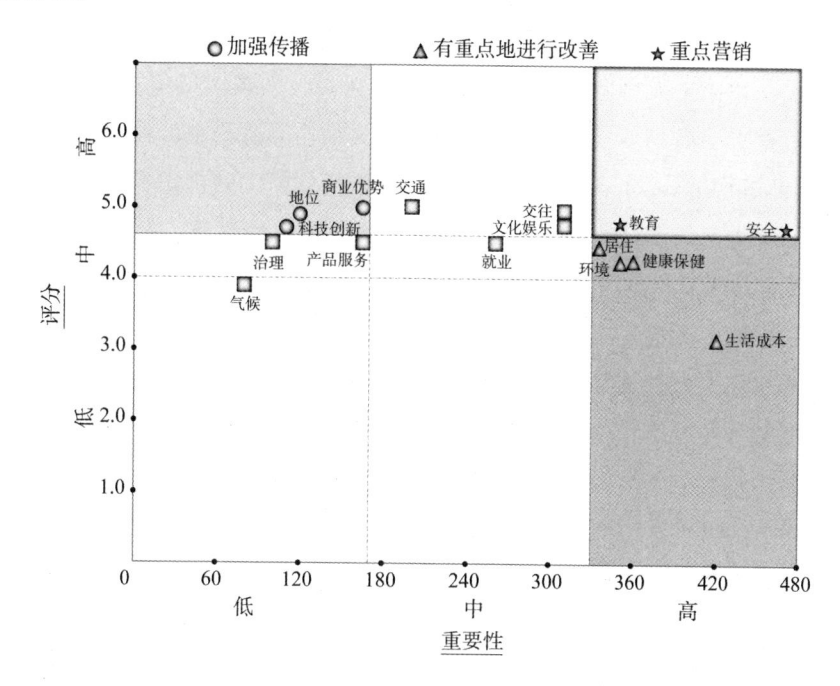

图4-1　北京城市品牌"重要性-评分"矩阵

第四节　研究结论与管理决策建议

第一，来自发达国家与来自发展中国家的外国人对北京城市品牌形象的评价是不同的。

首先，来自发展中国家的外国人对北京评价更高。除了环境、气候和生活成本这3个维度，来自发展中国家的外国人对北京城市品牌形象的评价普遍高于来自发达国家的外国人。

据英国 The Eco Experts 网站编制的"全球综合环境指标"，环境受到最少污染的10个国家是：肯尼亚、坦桑尼亚、埃塞俄比亚、莫桑比克、喀麦隆、赞比亚、印度尼西亚、津巴布韦、巴西、刚果（金），有8个国家是非洲国家。很多来自发展中国家的调查对象是非洲人，他们认为北京的环境与气候不如其母国，故对北京的环境与气候维度评价较低。

很多发达国家的生活成本也很高，再加上来自发达国家的外国人比来自发展中国家的外国人普遍更有钱，因此他们觉得北京的生活成本还能接受。

其次，相比于来自发达国家的外国人，在来自发展中国家的外国人眼中，安全、教育、交通与基础设施这3个认知北京城市品牌形象的维度明显更好。

QS World University Rankings 发布2018年最佳留学城市排行榜，伦敦、东京和墨尔本排名前3；前10名全部是来自发达国家的城市；北京是中国大陆排名最靠前的城市，排名第26位。在发展中国家的外国人眼中，北京在顶级大学、学生的多元性、城市吸引力、雇主的活跃程度、城市生活负担水平和学生反馈等指标上表现优异。但发达国家的外国人认为北京在教育资源上还比不上其母国的著名城市，如英国的剑桥大学、牛津大学，美国的哈佛大学、耶鲁大学和斯坦福大学等。

在WorldAtlas发布的2018年全球基础设施建设排名中，中国香港、新加坡和荷兰排名前3，前10名同样全是发达国家（地区），中国内地未进入前10名，排名第40位左右。直观的对比使得北京的交通与基础设施在发达国家的外国人眼中远不如发展中国家的外国人。

最后，相比于发展中国家，北京对发达国家的游客与高端人才的吸引力远远不够。根据中国旅游研究院发布的《中国入境旅游发展年度报告2018》，在外国人入境旅游市场中，排名前10的旅华客源国分别是：缅甸、越南、韩国、日本、俄罗斯、美国、蒙古、马来西亚、菲律宾、印度。可见，大多数来华游客来自亚洲，以发展中国家的游客为主。2018年，中国出境旅游继续高速增长，同比增长14.7%；入境旅游却持续低迷，仅同比增长1.2%。中国"旅游赤字"有加大的趋势。发展中国家的游客来华旅游已经进入增长瓶颈，如何进一步吸引来自发达国家的游客？这成为中国入境旅游市场进一步发展的关键突破口。

2019年，北京相继实施涉及外国人签证、出入境、停居留等方面的20条出入境政策，以及中关村国际人才20条新政，积极吸引全球高端人才，支持建设世界一流新型研发机构，推动高质量发展，让国际人才"进得来、留得住、干得好、融得进"。

第二，最受外国人重视的北京城市品牌维度为安全、生活成本、健康保健和教育，最被忽视的维度则为气候、治理和科技创新。无论是中国人还是外国人，都最重视北京的安全与生活成本。

与中国人相比，外国人特别关注北京的食品安全问题（以"食品安全"为关键词的帖子的点击数在所有帖子中排名第1，见表4-19）。近年来，"苏丹红鸭蛋""三聚氰胺奶粉"和"地沟油"等食品安全事件震惊中外，影响恶劣，让外国人对中国与北京的食品安全留下了较难逆转的刻板印象。建议中国与北京通过开发具有国际声望的食品品牌、并购国际知名食品品牌、与国际知名品牌结成品牌联盟、创建具有国际影响力的食品产业集群（江红艳，王海忠，2011）等方式来逆转"食品安全"的负面刻板印象。

与中国人相比，外国人更加重视在北京的健康问题。因为北京的雾霾，让一个在外国人中流传甚广、略带调侃性质的叫法"北京咳"成为热门话题。在北京出现健康问题也是很多外国人离开北京的重要原因。

第三，根据北京城市品牌各个维度的重要性与评分，对安全与教育应该重点营销，对环境与健康保健应该重点改善，对商业优势、地位和科技创新应加强传播。

首先，无论是对于中国人，还是对于外国人，北京的安全与教育这两个维度不仅重要性高，而且评分高。因此，"安全"与"教育"成为北京城市品牌形象定位的核心。其次，除了前文所述的环境问题，根据外国人的意见，还应重点改善外国人在北京的健康保健水平。这两方面是息息相关的，咳嗽等健康问题是由北京的环境污染造成的。很多外国人认为中国人特别敬业，在北京生活节奏快，"压力山大"，因此十分重视自己的心理健康问题。中外文化差异很大，中国人与外国人对自我的看法、对自己与社会的关系的看法和思维方式等有很大不同（潘忠岐，2017），建议根据外国人的不同心理特征为他们提供专门的心理咨询服务。

第五章　数字时代下北京城市品牌形象定位

李飞、刘茜（2004）提出定位钻石模型，如图 5-1 所示。

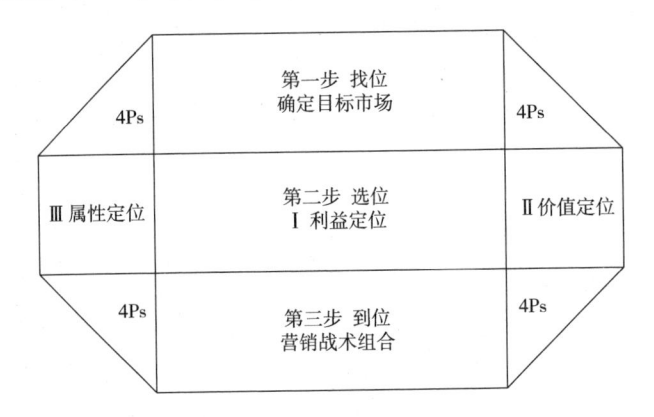

图 5-1　定位钻石模型

根据定位钻石模型，第一步为找位。

国家主席习近平提出，努力把北京建设成为国际一流的和谐宜居之都。北京城市品牌建设的利益相关者为：居民、消费者、游客、学生、人才和投资者等。因此，北京城市品牌的目标市场主要为：国内外居民、消费者、游客、学生、人才和投资者。

第二步为选位。

首先确定利益定位点。如前所述，无论是对于中国利益相关者，还是对于外国利益相关者，安全与教育这两个维度，不仅非常重要，而且评价高，是决定性维度。

因此，北京城市品牌的利益定位为："身安北京，春风化雨"。意思是：

北京是国际上最安全的城市，在北京能接受国际上最好的教育与熏陶。

其次确定价值定位点。Rokeach（1973）提出最终价值与工具价值。最终价值指人们渴望实现的最终状态；工具价值指人们为实现最终价值的理想行为规范。

最终价值有18种：舒适的生活、刺激的生活、成就感、和平的世界、美丽的世界、平等、家庭安全、自由、幸福、无内心冲突、成熟的爱、国家安全、快乐、互相帮助、自尊、社会认同、真正的友谊、智慧。

工具价值有19种：雄心勃勃、心胸开阔、有能力、愉快的、整洁的、努力的、宽恕的、乐于助人、诚实的、创造力、想象力、独立的、理智的、逻辑性、有感情、孝顺、懂礼节、责任感、自制力。

价值定位与利益定位有一定的逻辑关系。因为北京城市品牌的最主要的利益定位为"身安北京"，所以北京城市品牌的价值定位之一为："家庭安全"。

无论是对于中国的利益相关者，还是对于外国的利益相关者，北京在"令人苦恼的－令人轻松的"这一情感城市品牌形象维度上的评分均为最低。北京房价高、生活成本高、生活压力大、污染危害健康、教育机会不均和交通拥塞等问题确实让中外利益相关者苦恼，在北京确实不轻松。但这恰好可以成为北京的另外一个价值定位：努力的（工具价值）与成就感（最终价值）。"北京不轻松，但有志者事竟成"，意思是：在北京并不轻松，但通过坚持不懈的努力就能收获巨大成就感！

最后是确定属性定位点。属性定位点与利益定位点存在因果关系。

围绕"安全"与"教育"两个维度，北京城市品牌的属性定位点为："全球最安全城市""骗子无处藏身""违法犯罪十年最低、户籍人口犯罪中国最低"（基于"身安北京"这一利益定位点）；"中国最优质、最丰富教育资源""中国最佳留学城市"（基于"春风化雨"这一利益定位点）。

第三步为到位。

保证北京城市品牌形象定位能够进入并占据国内外利益相关者心智。详见第六章第四节"北京城市品牌形象移动短视频传播模式"。

综上所述，本书提出北京城市品牌形象定位钻石模型，如图5-2所示。

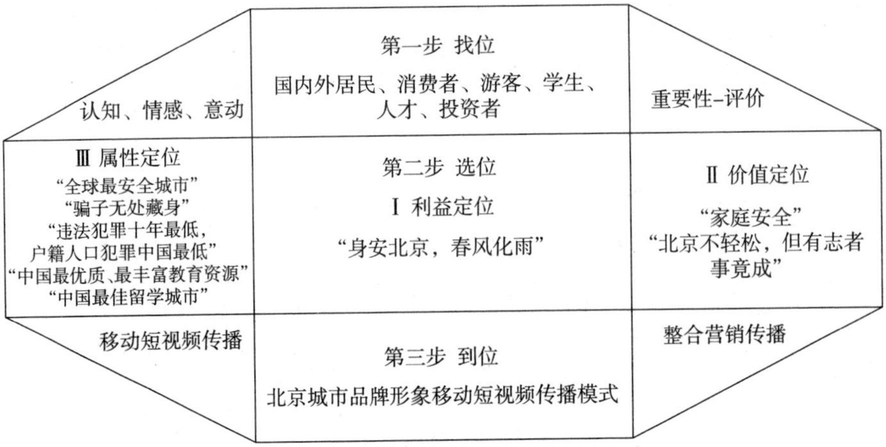

	第一步 找位 国内外居民、消费者、游客、学生、 人才、投资者	
认知、情感、意动		重要性-评价
Ⅲ 属性定位 "全球最安全城市" "骗子无处藏身" "违法犯罪十年最低， 户籍人口犯罪中国最低" "中国最优质、最丰富教育资源" "中国最佳留学城市"	第二步 选位 Ⅰ 利益定位 "身安北京，春风化雨"	Ⅱ 价值定位 "家庭安全" "北京不轻松，但有志者 事竟成"
移动短视频传播	第三步 到位 北京城市品牌形象移动短视频传播模式	整合营销传播

图 5-2 北京城市品牌形象定位钻石模型

第六章　数字时代下北京城市品牌形象传播

第一节　城市品牌形象传播的3个阶段

纵观营销传播方式的变迁史，可以发现营销传播方式的变迁是随着媒介形态的进化而变化的。短视频一方面改变了传统的图文形式，以短视频的方式传递，信息量更大、形式更丰富、内容更生动；另一方面短视频更受用户喜爱，成为用户最喜欢的信息载体。因此，随着短视频越发火爆，用户规模持续稳定增长，移动短视频传播正逐渐取代图文传播，成为品牌营销最重要的战场。

本书将简要梳理城市形象传播在不同阶段的特点。城市品牌形象传播经历了3个阶段，分别是：前移动互联网阶段、移动图文阶段和移动短视频阶段。

第一，前移动互联网阶段。政府规划、媒体执行，城市形象定位不清晰。在以传统媒体与搜索引擎为主渠道的前移动互联网阶段中，地方政府以文字为主的形式着重传播城市主要的特色地标，目的是通过语言文字的形式将代表本城市的符号传递出去，进而吸引受众到该城市参观，以较为低调的形式来提升城市品牌知名度。这种通过文字的静态表达方式，通过文案来曝光城市形象，城市品牌形象的传播周期较长。

第二，移动图文阶段。政府与媒体共同参与。社交媒体的加入拓宽了文字传播的静态方式，城市形象传播也转变为政府与媒体共同参与的移动端图文阶段。有了社交媒体的参与，图文共建的形式远比单一文字传播更加夺人眼球。图片的视觉冲击也调动了人的感官，让城市品牌形象传播从只重视曝光度的基础城市符号传播转变为以城市重大节事活动和重点发展领域为代表的进阶城市符号传播。在该阶段，传播速度与前一阶段相比有所增加，同时，提升城市品牌美誉度成了该阶段的目标。

第三，移动短视频阶段。政府与民众共同讲述，生活化的城市形象更具区分度。移动互联平台和智能终端的普及，以及聚合平台算法分发的引入让城市品牌形象传播进入移动短视频阶段。居民通过使用内容生成媒介平台创造用户生成的原创内容，使得受众在传播中既是生产者又是传播者。短视频让图片传播向视频传播转化，让单一的视觉冲击伴随着听觉的参与打造更有吸引力的感官体验。城市形象传播也由进阶城市符号升级为立体的城市符号，不仅在注重曝光度和美誉度以外更加注重城市形象的辨识度，还在传播内容上更加体现当地城市的独特魅力。美食、方言的相继加入让处于屏幕另一端的受众能深入城市的"毛细血管"了解当地的市井内容，对心之所向的城市深入了解，增加各利益相关者的价值互动。

从单一到多元，从平面到立体，从文字到短视频，从以政府为主的官方传播到以居民为主的短视频传播，在当前移动短视频发展迅速的背景下，如何使用移动短视频更好地传播城市品牌形象？这是一个新的研究课题。本章以抖音App短视频平台为例，选择5个不同特点的城市进行案例研究，提出基于抖音平台的北京城市品牌形象移动短视频传播模式。

第二节 移动短视频营销概述

随着移动通信网络的发展与流量费的降低，抖音、快手等移动短视频App成为近两年发展最为迅速的社交媒体App，它们具有新的特点、满足了用户新的需要，因此相比于其他社交媒体更具传播优势。

一、移动短视频营销的特点

1. 数字时代下用户使用习惯的新特点

在数字时代下，用户对视觉的需求逐渐从"色彩"转向"动态"，从图文转向短视频。数字时代下用户使用习惯呈现出3大特点：碎片化、娱乐化的深度互动和社交化的需求崛起，如表6-1所示。

表6-1　数字时代下用户使用习惯的新特点

碎片化的使用习惯	短视频是网络上视频碎片信息的优质载体。社交、资讯、电商、广告等采用短视频作为载体来呈现内容，不但传播高效，而且节约成本
娱乐化的深度互动	快速的滑动切转短视频，形成了一种短视频App上内在的观看节奏，指尖的舞动，活泼的氛围，使得在短视频App上消磨的时光如白驹过隙。在短视频App上释放一天的压力和情绪，成为当下许多用户的休闲常态。同时，短视频平台上的氛围十分活跃，近期在抖音上流行合拍视频，由明星带动拍摄一组开放式视频，其他人可根据此视频进行另外一半的创作，最后将两者拼贴组合起来形成一个新的短视频，好玩有趣，深度互动
社交化的需求崛起	网络时代的用户愿意记录和分享私人生活、体验心得，这些分享信息转化成为短视频内容，与此同时激发出了更多的互动关系，自我表达的被看到成了可能，短视频用户也从中进行了网络社交，获得满足感

2. 移动短视频的新特点

短视频，是一种网络内容的传播媒介，通常是在互联网上播放时长在10分钟以内的视频消息。抖音App的移动短视频时长更短，除了知识类创作内容，新注册用户只能拍摄15秒以内的视频。

相比于传统PC端的视频，移动短视频主要有3大特点：生产门槛低，能圆每个人的导演梦；生产者与消费者之间界限模糊；传播速度快、社交属性强。移动短视频的特点如表6-2所示。

表6-2　移动短视频的特点

生产门槛低	移动短视频通常依托于移动智能设备，在一台手机上即可完成拍摄、剪辑、后期等多种功能，即制作成本低；此外，功能设置简单易懂，对使用人群基本无筛选，即学习成本低
生产者与消费者之间界限模糊	对于移动短视频来说，其内容创作者和消费者存在较大程度重合，受众逐步从被动接受转向积极参与。内容的吸引力也逐步由精致度向多样性倾斜
传播速度快、社交属性强	移动短视频基于其天然时长属性，尝试成本低且完成率高，极易通过用户的社交关系进行二次转发

移动短视频的新特点与数字时代下用户使用习惯的新特点做到了精准对接，这使得移动短视频近两年发展非常迅速。

二、移动短视频行业的3大环节与移动短视频营销的3大要素

1. 移动短视频行业的3大环节

移动短视频行业包括内容制作者、内容发布机构和短视频平台3个主要环节。

（1）移动短视频内容制作者。移动短视频主要的内容制作者的类型如表6-3所示。

表6-3 移动短视频内容制作者

观看者		纯粹的内容消费者，只观看不生产，这部分用户可以概括为一个词，叫作有空的闲人，使用短视频是为了无目的性地打发时间，所以，生活节奏相对舒缓的二线城市以及以外地区的年轻用户比例较大
UGC：用户原创内容	爱拍人士	吃喝玩乐都喜欢拍摄和分享的人
UGC：用户原创内容	才艺展示	自己的某类才艺或者专业，刚好吻合视觉需求，比如绘画、舞蹈等
UGC：用户原创内容		年轻人为主，但女性占比会较高，多数会来自一线和新一线城市，具备一定的拍摄技巧，除短视频平台以外，很多在其他社交平台也都相对活跃
PGC：专业生产内容		优质内容生产团队，除了前端的表演者，还包括后端的编剧、灯光、后期制作和营销团队。有一定的人气基础，兼具社交属性和媒体属性
KOL：关键意见领袖		平台原生环境下新生的头部达人、UP主（上传视频的人），也包括后来入驻短视频的直播、音乐、社交等跨平台的网红和PGC团队。因网红用户的多栖重合，也导致短视频成了一个跨平台、跨领域竞争的焦点行业

（2）移动短视频内容发布机构。移动短视频主要的内容发布机构的类型如表6-4所示。

表6-4 移动短视频内容发布机构

MCN：短视频机构	平台自身的MCN	主要是和入驻平台的头部网红和头部IP签约排他性协议，IP和网红禁止再入驻其他平台，从而打造自身和竞品在内容供给端的核心竞争力	因为IP的内容流量先天具备分发优势，所以市场上诞生了整合头部UGC、PGC、网红的专业机构，包括流量平台本身在内
	MCN专业机构	主要是通过签约和打造头部网红和头部IP，然后再通过网红和IP的流量分发优势重复打造更多网红和IP。目前的MCN机构大多原本就是头部IP和网红的内容生产团队	
广告商		随着短视频行业的持续火热，短视频营销成为各大品牌主青睐的广告形式，短视频区别于长视频的贴片广告，更加偏向于植入式内容和定制内容的广告形式	
企业主		类似微博、微信，短视频也是企业最新的一种营销手段，短视频新媒体运营，也逐渐成为继微博、微信之后的另一个重要运营渠道	

（3）移动短视频平台。现有移动短视频平台共有社交媒体类、资讯媒体类、工具类、BBS类、SNS类、电商类6类，如表6-5所示。

表6-5 移动短视频平台

类型	代表平台	特色
社交媒体类	抖音、快手	社交媒体最大的不同是其为UGC式的内容生产，提倡竖屏展示。抖音、快手是其中的佼佼者，抖音以内容玩法为主，快手以玩家特色为主，一个内容偏平台引领，一个内容偏人物自带
资讯媒体类	西瓜、秒拍	资讯媒体以聚合PGC内容为主，基本都是横屏模式。资讯媒体的内容上传大多在PC端完成，时长不太受限，区别于社交媒体的15秒~1分钟，所以在内容表达上可以更加深入，内容拍摄也基本都是靠专业设备及专业后期制作
工具类	小影、VUE	第三方短视频内容生产工具的发展，目前远远没跟上短视频内容的发展，因此此类具针对性的短视频内容生产工具，未来将会享受到和内容一样的行业发展红利
BBS类	B站、A站	BBS引导文化潮流，用户一般都以核心区域的一、二线城市为主，A站目前已被快手收购；B站85%的视频来自用户创作，作为主打年轻人的短视频平台，弹幕作为视频内容的补充歪解，同时增加了弹幕和视频两者共同的可读性和趣味性

续表

类型	代表平台	特色
SNS 类	陌陌、朋友圈视频	微信朋友圈的短视频拍摄完全无修饰功能，短视频是基于熟人关系链，对朋友圈图片和文字功能的补充。 陌陌是陌生人社交，所以，短视频的植入是为了补充个人展示，所以更加注重同城的区域性，主打同城短视频社交
电商类	淘宝、京东主图视频	手机淘宝主搜栏增加了短视频入口，短视频在阿里系的权重也在不断加码；《一条》短视频在微信订阅号的成功，说明未来电商领域的短视频发展依然拥有着无限可能

长视频网站的观看环境更加偏个人，缺乏社交元素，而短视频内容则存在很强的分享属性，用户通过自己的社交网络分享给自己的社交关系链，从而形成传播。可以看出，移动短视频平台的类型多元也让其用户的名称被划分为多个品类，本书聚焦于社交媒体类的移动短视频平台。

2. 移动短视频营销的 3 大要素

不可否认，在互联网领域中短视频已经成为内容传播的一种重要形式。伴随着来自行业内部的重视，各大企业纷纷加入短视频的创业大潮中，以期分得一块"蛋糕"。然而，在完成短视频变现的过程中，既需要相关新媒体运营者对平台日常的稳健经营，也需要对视觉、流量、转化率这 3 大要素的细致把握与完美融合。

（1）视觉之于短视频：对外宣传的"敲门砖"。相比于传统社交媒体主打文字与图片的方式，移动短视频平台在为用户推送时，炫酷的视觉呈现不仅能给用户极大的视觉冲击，更能为新媒体平台自身带来更好的效益。一方面，从短期来看，优美的画面能够带给用户视觉上的享受，继而使之沉浸其中。另一方面，从长期来看，"画风"独特的视觉呈现，不仅可以增强用户对新媒体的黏性，还有利于塑造品牌个性。

（2）流量之于短视频：促进自身发展的能量来源。短视频做的还是流量的生意，通过内容获取大量流量，引流到广告、电商或其他地方。这个路径需要的是巨大的流量底盘，优质内容的持续输出是流量囤积的基础。流量是一张门票，是一个让别人欣赏内容的机会。自媒体的时代，把内容做好，让内容呈裂变式传播，比广告轰炸的效果更靠谱。在做流量变现的时候，内容矩阵和大号数量会对商业化产生直接影响,整个行业的未来几年,都会如此。

(3)转化率之于短视频:将关注变成盈利。除了将流量资源变现,由于用户停留时间长,短视频较图文来说更加场景化,也可以弥补电商体验性较差的短板。过去电商只卖商品,缺乏体验性,视频在展示商品方面显然比图文模式更立体,消费者通过视频也能更直观地看到他人的体验情况。目前抖音已被不少卖家当作广告营销平台,就像微信搜索作为京东商城设置流量入口一样,抖音也可在视频中附上淘宝链接,为淘宝导流。另外,抖音本身是个娱乐社交平台,暴增的用户量和基于算法制造的高用户黏性,对于阿里入局社交娱乐产业与腾讯"抗衡"也是不错的选择。

第三节 城市案例分析

一、移动短视频平台、营销传播方式和案例城市

1. 移动短视频平台选择

Quest Mobile 发布的《中国移动互联网 2019 春季大报告》显示,截止到 2019 年 3 月,短视频行业月活跃用户规模达到 8 亿,同比增长 42.2%。2019 年 2 月,短视频行业月活跃用户规模为 8.2 亿,首次突破 8 亿大关。从整个泛娱乐领域来看,移动视频行业用户规模接近 11 亿,行业渗透率高达 96%,已经成为典型的存量市场。目前短视频领域有 4 大阵营,分别是头条、快手、百度系和腾讯系。其中,头条系还是该领域的老大,2019 年 3 月,头条系去重后用户规模超过 5 亿。

作为头条系的代表,抖音是当前最火爆的移动短视频平台。自 2016 年 9 月上线以来,用户数量持续攀升。2019 年 1 月,抖音总裁张楠表示,抖音国内日活跃用户突破 2.5 亿,月活跃用户突破 5 亿。抖音平均月活用户同比净增 2.4 亿,位列第 1,成为国内最受欢迎的移动短视频生产与传播平台。因此,本书选择抖音移动短视频平台进行案例分析。

2. 抖音平台的营销传播方式与用户喜好程度

(1)抖音平台的营销传播方式。参考火星文化、卡思数据和新榜研究院

联合发布的《2019短视频内容营销趋势白皮书》，本书归纳与本书相关的抖音平台的营销传播方式，如图6-1所示。

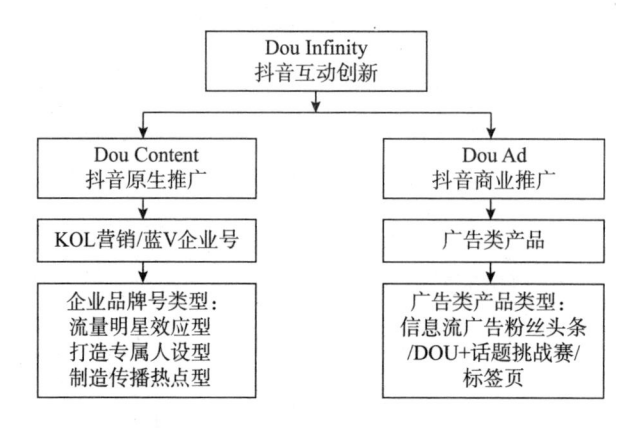

图6-1 抖音平台的营销传播方式

（2）用户对抖音平台内容类型的喜好程度。在抖音平台播放量排名前100的城市品牌形象视频内容分布中，地方饮食以36%的数量排在第1位，与商业景点14%的内容量合计占比达到了半数。城市景观、地方文化、自然景观分布较为均匀，均为10%左右。政府形象、历史景点、市政设施和服务占比最少，合计还不到20%。与此同时，在用户对抖音内容类型的喜好程度上也表现得千差万别。用户对搞笑情境、教程培训、萌宠萌物类的喜好程度远大于游戏、旅游风景和颜值类，如图6-2所示。

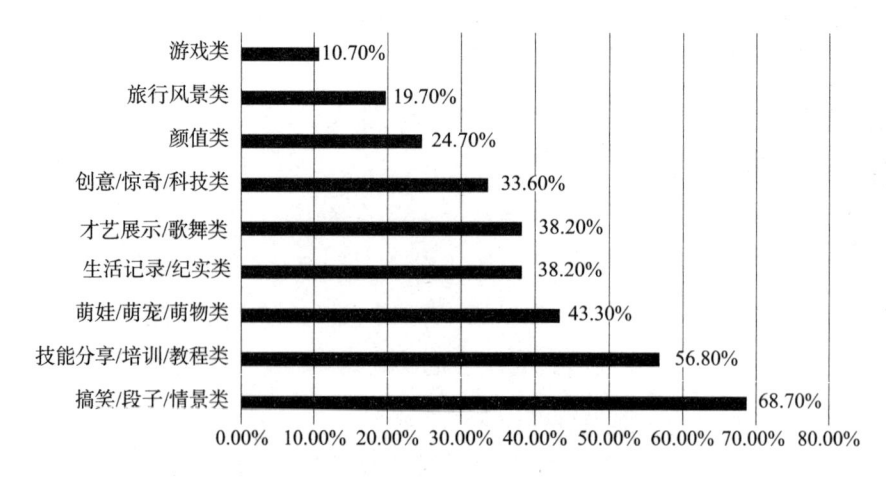

图6-2 用户对抖音内容类型的喜好程度

3. 案例城市选择

从城市短视频播放量上看，抖音上存在明显的"爆款城市"，城市品牌形象的移动短视频传播成为最新蓝海。从地域分布来看，抖音平台上的城市量东西分布均匀，中部城市偏低。从播放量上看，西部枢纽城市重庆跃居抖音城市形象视频播放量榜首，中西部新一线城市集体崛起，个别内陆二线城市的城市形象视频播放量也很亮眼。抖音的热门城市形象视频中，西部的重庆、西安、成都占比四成。但流量并非完全被大中城市把控，在优质本地化内容的加持下，像南宁这样的二线城市也能输出热门视频。抖音平台上的"爆款城市"如图6-3所示。

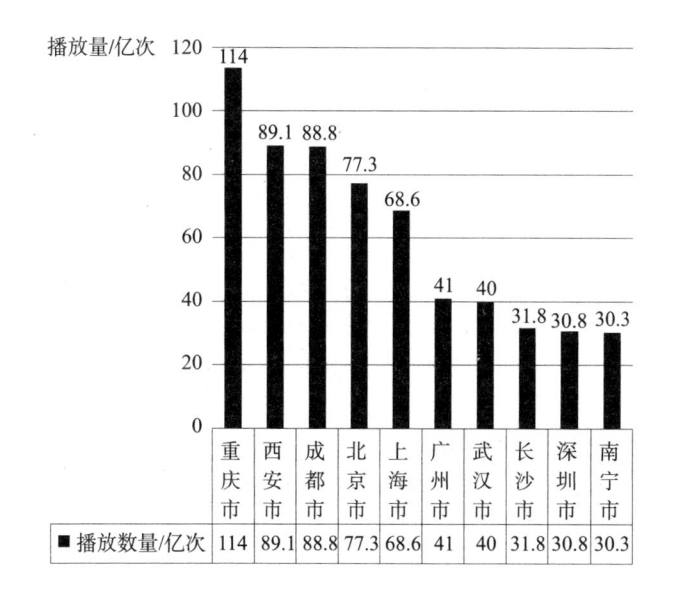

	重庆市	西安市	成都市	北京市	上海市	广州市	武汉市	长沙市	深圳市	南宁市
播放数量/亿次	114	89.1	88.8	77.3	68.6	41	40	31.8	30.8	30.3

图6-3　抖音平台上城市品牌形象短视频播放量前10的城市

资料来源：抖音、头条指数和清华大学国家形象传播研究中心城市品牌研究室联合发布的《短视频与城市形象研究白皮书》，数据截至2018年9月。

抖音上超过半数的用户属于一二线城市。因此，本书在选择案例城市时充分考虑到了抖音上各个城市级别的差异。一线城市中选择广州。新一线城市选择重庆、西安和贵阳。在二线城市中，选择唯一进入播放量前10的南宁作为案例。本书归纳了5个案例城市的特点，如表6-6所示。

表6-6 案例城市

城市	城市级别	城市定位	城市性质	国家部委文件
重庆	新一线	山水之城，激情之都	重庆是我国重要的中心城市，国家历史文化名城，长江上游地区的经济中心，国家重要的现代制造业基地，西南地区综合交通枢纽	强化重庆大都市区西部开发开放战略支撑和长江经济带西部中心枢纽载体功能，充分发挥长江上游地区经济中心、金融中心、商贸物流中心、科技创新中心、航运中心的作用
西安	新一线	内陆改革开放新高地，向西开放门户	西安是陕西省省会，国家重要的科研、教育和工业基地，我国西部地区重要的中心城市，国家历史文化名城，并将逐步建设成为具有历史文化特色的现代城市	强化面向西北地区的综合服务和对外交往门户功能，提升维护西北繁荣稳定的战略功能，打造西部地区重要的经济中心、对外交往中心、丝路科创中心、丝路文化高地、内陆开放高地、国家综合交通枢纽
广州	一线	美丽宜居城市，活力全球城市	广东省省会、国家重要中心城市、历史文化名城、国际综合交通枢纽、商贸中心、交往中心、科技产业创新中心，逐步建设成为中国特色社会主义引领型全球城市	充分发挥国家中心城市和综合性门户城市引领作用，全面增强国际商贸中心、综合交通枢纽功能，培育提升科技教育文化中心功能，着力建设国际大都市
贵阳	新一线	爽爽的贵阳，中国避暑之都	贵州省省会、中国西部创新型中心城市之一、西南综合交通枢纽、全国重要的生态休闲度假旅游城市	打造公平共享创新型中心城市，建成大数据综合创新试验区，建成全国生态文明示范城市，建成更高水平的全面小康社会，在全省率先实现历史性跨越
南宁	二线	中国之南，绿城南宁	南宁市是广西壮族自治区首府，北部湾经济区中心城市，我国西南地区连接出海通道的综合交通枢纽	全面建成"一带一路"有机衔接的重要门户城市，成功塑造别样精彩的壮族人文魅力和城市气质，国际知名度和影响力不断提升，打造形成"休闲之都""宜居之城""中国绿谷"的城市名片，满足人民日益增长的美好生活需要

资料来源：5座城市的总体规划。《重庆市城乡总体规划（2007—2020年）》《西安城市总体规划（2008—2020年）》《关中平原城市群发展规划》《广州市城市总体规划（2017—2035年）》《贵阳市城市总体规划（2017—2035年）》《广西全面对接粤港澳大湾区建设总体规划（2018—2035年）》。

二、SAT 城市品牌形象移动短视频传播模式

结合移动短视频传播与案例城市的特点，并结合利益相关者理论与价值共创理论的相关研究，本书提出 SAT 城市品牌形象移动短视频传播模式，如图 6-4 所示。

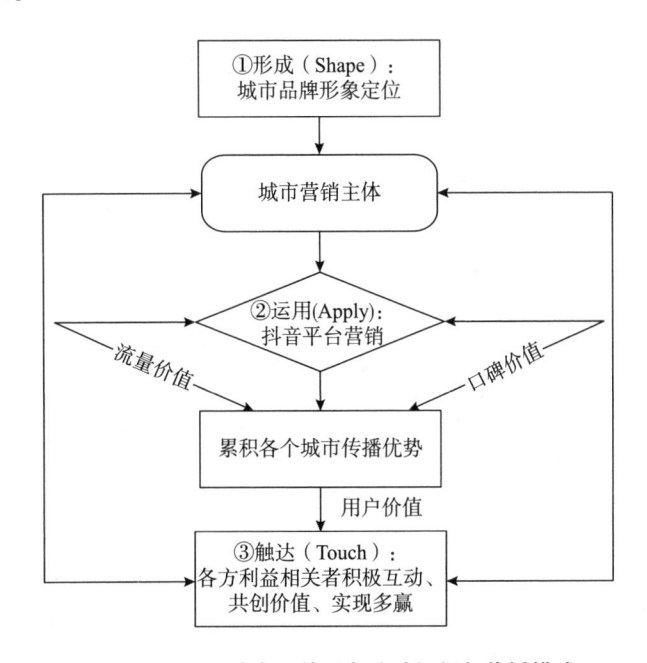

图 6-4 SAT 城市品牌形象移动短视频传播模式

SAT 模型认为，城市品牌形象移动短视频传播包括 3 个步骤：形成（Shape）、运用（Apply）和触达（Touch）。

第一，形成。指中国城市形象在顺应了时代和社会的发展，国家部委发布的相关政策的同时，结合城市自身的资源优势与各方利益相关者的目标，从而形成的城市品牌形象定位。

第二，运用。指运用移动短视频平台的各种营销方式，通过搭建众创平台定制专业服务来进行沉淀用户互动发声，运用移动短视频平台特有的流量价值与口碑价值打造与传播城市品牌形象，从而累积出自身的城市品牌力量。

第三，触达。指通过城市品牌形象的移动短视频传播让各方利益相关者积

极互动、共创价值、实现多赢。

SAT 是 SIT 的过去式,在中文中是"坐"的意思。中国文化博大精深,"坐"是由两个"人"和一个"土"组成,"土"根据甲骨文字形,上象土块,下象地面,有土壤的意思。也有本地的、地方性的故土的意思。因此,"坐"可以引申为众人依托于移动短视频这一新兴行业的土壤与平台,利用其资源通过人们相互间的互动为故乡的城市品牌建设增添自己的一份力量,实现多方利益相关者共赢。

三、5 个城市案例研究

1. 重庆城市品牌形象的移动短视频传播案例研究

结合 SAT 城市品牌形象移动短视频传播模式图(见图 6-4)、重庆城市品牌形象定位和重庆城市移动短视频传播的特点,本书绘制重庆城市品牌形象移动短视频传播模式图,如图 6-5 所示。

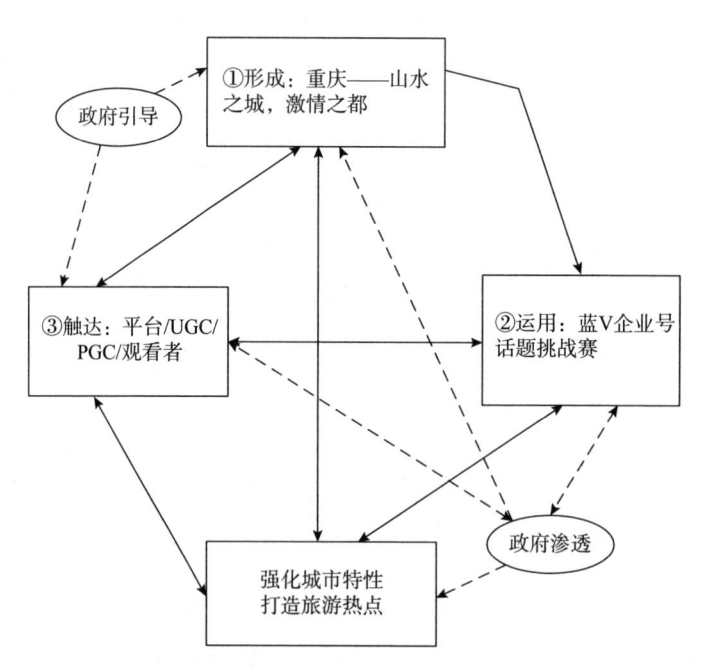

图 6-5 重庆城市品牌形象移动短视频传播模式

(1)形成:重庆城市品牌形象定位——山水之城,激情之都

"山是一座城,城是一座山",用这句话来形容重庆最贴切不过。它有着

让导航都崩溃的8D魔幻,它是拥有4500多座桥梁的世界桥都,它的城市建设里藏满设计师的奇思妙想。老山城的历史韵味和新重庆的摩登都市只有一堵墙的间隔,现实生活与风格漫画的转变只需一次夜幕的降临。现代科技与历史文化完美相融,二三次元随意切换,这是一座处处都展现着与众不同的激情之都。本书整理抖音平台上重庆城市品牌形象相关话题,如表6-7所示。

表6-7 重庆城市品牌形象相关话题

抖音话题	视频播放量	内容类型
重庆穿越之旅	35.7亿次	城市景观
重庆美食	3.6亿次	地方饮食
重庆解放碑	2.1亿次	历史景点/城市景观
重庆火锅	2.1亿次	地方饮食
洪崖洞	2.1亿次	历史景点/城市景观
重庆李子坝	1.3亿次	城市景观
重庆磁器口	1.1亿次	历史景点/城市景观
重庆轻轨	6215.0万次	城市景观

资料来源:抖音App平台,数据截至2019年6月20日。

从抖音平台上重庆话题播放量的排行来看,城市景观、地方饮食、历史景点的相关内容点击量较多。同时从抖音平台播放量前100的城市形象内容分布来看,这3项内容占比达到了52%。可见,重庆的抖音短视频在内容分布上响应了抖音用户的喜好。进一步的内容分析发现,排行前10的内容都是依据重庆"山水之城,激情之都"的城市品牌形象定位来进行传播的。重庆火锅、地方饮食体现了激情美食吃得"辣";历史文化、建筑文化体现了激情之旅游得"欢"。与此同时,"重庆穿越之旅""重庆李子坝"和"重庆轻轨"这三个话题间有一定关联,得益于重庆市政府开展的整合营销传播活动。

(2)运用:蓝V企业号+话题挑战赛

蓝V账号,是抖音针对企业开发的"官方账号"功能。企业主可以申请获得官方认证标识,并使用官方身份通过内容发布、用户互动、营销组件等多种形式打造品牌传播主阵地。

利用蓝 V 企业号制造专属热点型制造出话题，进而让用户参与挑战。

由重庆市委网信办、重庆市文旅委联合启动"行·重庆——2019 网络达人重庆行暨文旅融合金点子征集"活动。仅抖音平台累计播放量就超 27 亿次，今日头条阅读量达 8199 万次，搞笑创新传播带火重庆多个区县旅游。

2019 年 4 月 14 日至 18 日，达人们分两组对渝中、江北、南岸、渝北、涪陵、合川、荣昌、铜梁、奉节、巫溪、巫山 11 个区县的 49 个景区景点，进行了线下素材采集和直播。4 月 19 日，今日头条率先启动了"行·重庆"——重庆穿越之旅、网络作品征集活动。4 月 25 日起，抖音、西瓜、火山同步上线了"行·重庆"主题，分别推出"重庆穿越之旅""美食达人重庆行""火山带你游重庆"等话题。

在这次采用客源地文化视角和语境下的创新营销策略下，在 2019 年"五一"假期，"行·重庆"活动中网络达人素材采集和直播的各区县游客接待量均呈现明显增长。比如，巫溪接待游客 18.7786 万人次，实现旅游收入 9644.1 万元，同比分别增长 38%、52.34%；奉节接待游客 30.85 万人次，实现旅游收入近 1.7 亿元，同比分别增长 12.63%、57.02%；荣昌接待游客 22.24 万人次，实现旅游收入 9609.07 万元，同比分别增长 39.14%、93.93%；铜梁接待游客 30.6 万人次，实现旅游收入 1.47 亿元，同比分别增长 7.2%、10%。

（3）触达：平台、内容生产者（UGC/PGC）、观看者

重庆政府采用了直接和网红/KOL 合作的方式：这种方式通常适用于有明确营销需求和合作对象目标的情况，重庆政府希望和意向网红/KOL 等内容生产者在短视频内容合作的基础上开展如产品代言、线下活动站台等更加深度多元的合作，让重庆旅游形象深入人心的同时增加了网红经济和观看群众自行前往重庆打卡的热潮。同时，网红们基于平台可以提升知名度。广告主和未来投资者可以明确投资方向。当地居民可以享受当地旅游经济带来的利好，外来旅游者也能通过打卡景点获得心理上的满足。

重庆在定位上从"第一江城"与"时尚之都"逐渐延伸为"山水之城"。一方水土养一方人，养育出充满激情的重庆人，顺应了自然，使得天人合一。重庆利用政府对旅游的扶持，利用与多平台合作，打造多个话题形成网红经济旅游地。

2. 西安城市品牌形象的移动短视频传播案例研究

结合 SAT 城市品牌形象移动短视频传播模式图（见图 6-4）、西安城市品牌形象定位和西安市移动短视频传播的特点，本书绘制西安城市品牌形象移动短视频传播模式图，如图 6-6 所示。

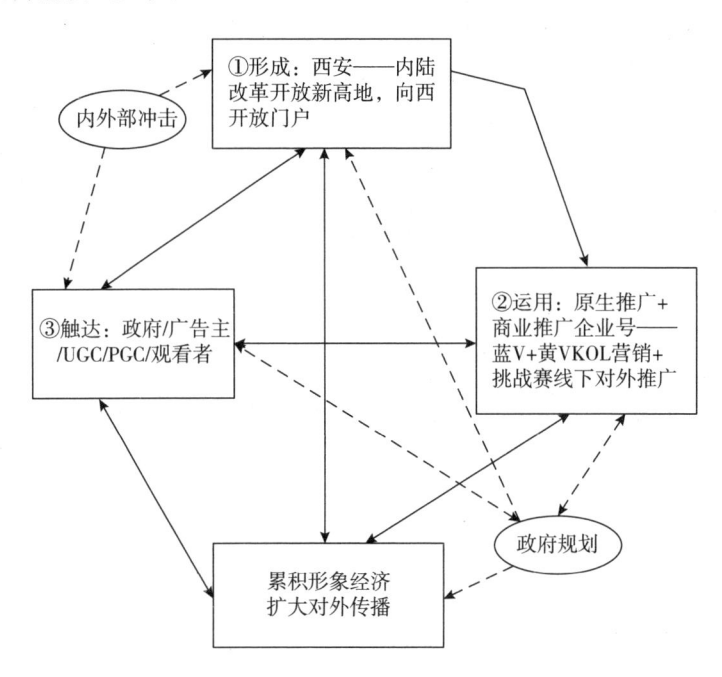

图 6-6　西安城市品牌形象移动短视频传播模式

（1）形成：西安城市品牌形象定位——内陆改革开放新高地，向西开放门户

西安最初的核心优势只是拥有历史文化资源，如 2944 处的历史文物古迹、秦兵马俑、汉长安城等历史遗址。然而单就中国历史古都而言，还有洛阳、开封等城市，这些特色还需要进一步打磨。在这之后，西安当地政府开始有意识地扶持文化产业发展，如制定城市发展规划、明确"五大主导产业"的发展重心，将文化资源运用到产业之中，使文化软实力与产业硬实力相结合，不断累积并发展完善。目前正值中国"一带一路"倡议的契机，西安积极与关中城市群内部其他城市建立有效的分工协调机制，形成优势互补，从竞争走向协同，推动区域的一体化，从而走上"内陆型改革开放的新高地"。本书整理抖音平台上西安城市品牌形象相关话题，如表 6-8 所示。

表6-8 西安城市品牌形象相关话题

抖音话题	视频播放量	内容类型
西安年最中国	4.3亿次	地方文化
西安美食	3.7亿次	地方饮食
跟着抖音玩西安	1.1亿次	历史景点/城市景观/才艺展示
抖动西安青春有young	1.1亿次	挑战赛
西安研究生车主花66万买车	1.0亿次	情景类
西安失恋博物馆	7540.0万次	商业景点
西安回民街	4043.3万次	历史景点/城市景观
西安大雁塔	3739.6万次	历史景点/城市景观
西安摔碗	1294.4万次	情景类/搞笑类

资料来源：抖音App平台。

相比于重庆，西安在抖音上的传播更加多元化。传播的内容类型不仅有历史景点、城市景观和地方饮食，还增加了用户最喜欢的情景类、搞笑类、才艺展示和挑战赛等方式。

（2）运用：原生推广+商业推广

第一，原生推广：企业号——蓝V+黄V。黄V认证只针对个人和机构类型账号或头条号开放，而不对企业类账号或头条号开放。西安政府与抖音达成战略合作，用短视频来展现古城风貌和传统文化，超过70家西安的政府机构在抖音上开通了账号并发布短视频，西安博物院、西安文化和旅游局、西安高新政务等蓝V企业号悉数在列。

第二，原生+商业推广：KOL营销+挑战赛。邀请网络红人实地体验民俗活动、各类"抖音西安挑战赛"等，平台也给予了西安专人运营指导，并增大了流量扶持。排在西安抖音排行榜第4名的"抖动西安青春有young"就是由西安广汇汽车产业投资开发有限公司发起的，运用了原生信息流量广告，支持转发自动跳转至挑战赛主页等功能，增加用户参与感。同时，抖音中传播火热的西安美食并不是我们熟悉的肉夹馍，而是"摔碗酒""毛笔酥"等"隐藏美食"。其中具有代表性的"摔碗酒"视频，8条热门短视频播放量总和超过3亿次，打破了民众心中对西安固有的形象认知。

第三，商业推广：线下对外推广。2018年5月，在西安城墙文化节上，政府斥巨资动用无人机进行"春舞大西安"的表演，并创下"数量最多无人机编队表演"的吉尼斯世界纪录。现代科技为城市增添了活力，西安这一系列动作在吸引游客的同时，也彰显了城市魅力和实力，为屹立的古城装点了现代化的色彩。

西安还与广告业巨头奥美签订聘任书，后者负责西安城市形象和城市文化在国际上的传播推广。

2018年4月3日，在上海举办的主题为"VDayD·新引力"的营销峰会上，西安获评一夜爆红的"抖音之城"。

2018年，西安市接待国内外游客24738.75万人次，同比增长36.7%；西安旅游业总收入超过2000亿元，同比增长55.4%。

（3）触达：政府/UGC/PGC/广告主/观看者

西安市政府采用直接和网红/KOL合作的模式，在吸引民众主动参与城市形象建构和传播过程的同时，也实现了与内容生产者的即时互动，大大缩短了内容生产者与消费者之间的距离，扩张了城市形象的传播范围。西安市政府联合广告主在短视频内容合作基础上展开更加深度多元的合作，如线下推广、对外推广等活动。

西安从定位上就明确了要打造成西部地区重要中心城市的目标。有历史特色的年代城市让其通过多内容类型的传播，打破对西安的刻板印象。利用抖音传播的也不是传统肉夹馍等美食而是"毛笔酥"等创意十足的特色美食。利用线下拓展国际传播从而累积形象经济。

3. 广州城市品牌形象的移动短视频传播案例研究

结合SAT城市品牌形象移动短视频传播模式图（见图6-4）、广州城市品牌形象定位和广州城市移动短视频传播的特点，本书绘制广州城市品牌形象移动短视频传播模式图，如图6-7所示。

（1）形成：广州城市品牌形象定位——美丽宜居城市，活力全球城市

一线城市广州的产业发展较为成熟，其人文底蕴非常丰厚，是古代海上丝绸之路的发祥地，是中国从未关闭过的通商口岸，是千年繁盛的商都。其国际交往活跃，古代海上丝绸之路的画面已经成了历史定格，广州成为中国最开放、市场化程度最高的地方之一。广州产业体系完备，服务业占比超过70%，是先进制造业集聚区。同时，广州美食享誉中外，房屋价格合理，教育医疗资源丰富，是人们生活的理想家园。这形成了广州的城市定位，即一座美丽宜

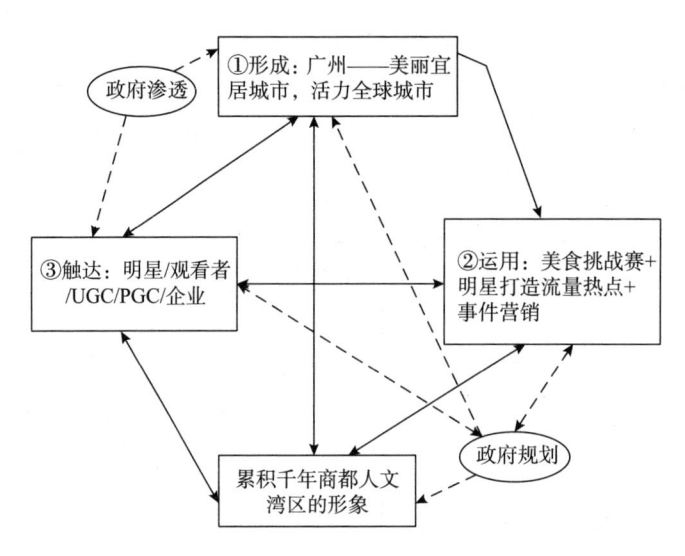

图 6-7 广州城市品牌形象移动短视频传播模式

居、活力全球的城市。本书整理抖音平台上广州城市品牌形象相关话题，如表 6-9 所示。

表 6-9 广州城市品牌形象相关话题

抖音话题	视频播放量	内容类型
不出广州吃遍亚洲	6.1 亿次	地方饮食/挑战赛
广州美食	1.5 亿次	地方饮食
广州灯光节	1.3 亿次	城市景观
广州恒大	1.2 亿次	纪实类
广州地铁	1.2 亿次	城市景观/市政设施
2018 广州车展	1.2 亿次	商业景点
广州长隆野生动物园	1 亿次	商业景点/城市景观
广州古里亚董事长	8028.8 万次	生活记录类/情景类
广州拿货拼单	6228.5 万次	情景类/搞笑类

资料来源：抖音 App 平台。

通过对抖音上广州的话题排行整理发现，其话题类型较为多元化。与重庆、西安的推广类似，广州也从美食入手进行推广。作为一个千年商都，开放促进了交通枢纽的形成，"广州地铁""广州车展"和"广州拿货拼单"等都突显出广州的公共服务体系建设与商务特质。其在旅游景点上仅有"广州长隆野生动物园"上榜。

(2) 运用：美食挑战赛 + 明星打造热点流量 + 事件营销

第一，美食挑战赛。根据《粤港澳大湾区发展规划纲要》中描绘的未来城市发展蓝图，广州为着力打造其美丽宜居，活力全球的城市形象定位，2019 年 4 月 3 日，广州市政府新闻办公室与环球时报社就亚洲美食节签署合作意向书。在随后的 5 月 8 日中国广州国际投资年会城市形象国际传播推介会上，通过对 16 个国家的民众调查发现，整个国际社会对中国文化认可度最高的是中餐。广州是世界美食之都，中餐一直是以传播最广、体验最好、产品丰富、生命力强的特点为世界所熟知，并在海外广泛传播。因此，为了对广州美食进行推广进而增进其国际化水平，由广州日报社承办的"不出广州吃遍亚洲"抖音挑战赛于 5 月 16 日正式上线。该挑战赛上线三天的总播放量已突破 3 亿，点赞数超 700 万，5 月 18 日创下单日最高播放量达 8314 万，收到近万条参赛视频。来自各地的美食爱好者"闻"香而来，其中绝大多数参赛者都是年轻人，他们热爱生活、乐于分享，以独特的方式映射出一种基于共同兴趣的亚文化群所持的生活态度。通过参与话题拍摄各种美食创意小视频，赋予美食更多的文化臆想，彰显并传承广州这座历史城市的文化魅力，沉淀出属于年轻一代那份对美好生活的热爱。

第二，明星打造流量热点。借助"不出广州吃遍亚洲"抖音挑战赛的热潮，相继推出《心愿料理屋》系列美食视频产品。第一期邀请到广州五星级酒店大厨为嘉宾父子烹饪了一顿龙虾大餐，满足了他们的美食心愿。该视频取材于真实生活，展现了父子间浓厚的亲情，引发社会正能量，关爱身边人。

《心愿料理屋》系列美食视频产品在抖音挑战赛首发当日就引爆话题，抖音总播放量达 78 万，3 万多网友点赞，不仅传播了美食，还体现了人文关怀。此外，由蔡澜、张纪中、刘涛、霍启刚、余笛、陈意涵等 19 位各界名人分享广州美食故事的"广州味道品鉴官"系列短视频，也相继受到各界好评。

第三，事件营销。千年商都广州在新时代焕发出新活力，在 2018 年成功承办了世界航线大会、广州车展等多项大型活动，凸显商务城市形象。

港口航线通达世界 100 多个国家和地区的 400 多个港口，与 73 个国际城市建立友好关系。外国驻广州的总领事馆已经达到 65 家。已举办广交会 63 年、共 126 届，年均接待 20 多万中外客商，年均成交额 300 多亿美元，是名副其实的中国第一展和世界第一大贸易盛会。

（3）触达：明星/观看者/UGC/PGC/企业

广州市政府响应 2019 年 2 月《粤港澳大湾区发展规划纲要》的公布，充分发挥国家中心城市和综合性门户城市引领作用，着力建设国际大都市，利用单向和双向，线上和线下的组合营销为广州的城市发展指明了方向。作为一个商务城市，通过承办与城市形象契合度高的赛事可以对游客旅游决策起到十分重要的影响。利用传统单向和线下的传播方式为其千年商都的形象进行巩固，同时也展现出"老城市新活力"的特质。利用移动短视频平台，从美食入手发展旅游和人文形象。由政府和企业主发起挑战赛，提高观看者数量，采用 UGC 和 PGC 的拍摄参与打造人气的同时，利用明星分享故事进一步累积广州千年商都、人文湾区的城市形象。

广州在定位上保证了人民当家做主的权利，体现了以人为本的宜居城市建设，需要在传播上增强城市亲和力和凝聚力。整合宣传片、节事活动和抖音移动短视频等营销传播渠道。为突出亲和力，从美食入手建立营销利益链。从挑战赛到系列美食视频产品再到明星分享故事，打破"千年商都"的老城市特质，累积了人文湾区的宜居形象。

4. 贵阳城市品牌形象的移动短视频传播案例研究

结合 SAT 城市品牌形象移动短视频传播模式图（见图 6-4）、贵阳城市品牌形象定位和贵阳城市移动短视频传播的特点，本书绘制贵阳城市品牌形象移动短视频传播模式图，如图 6-8 所示。

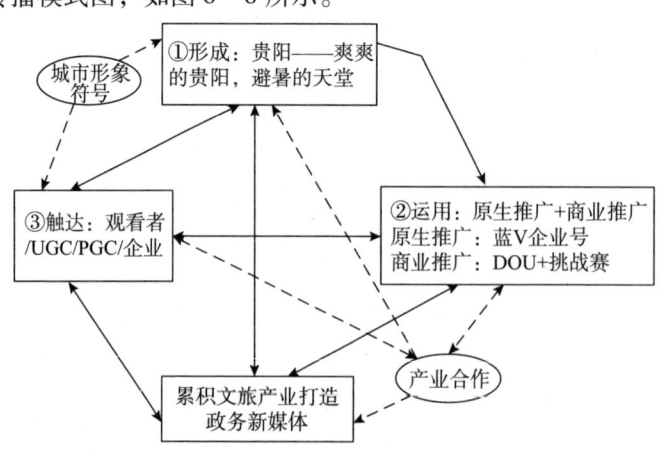

图 6-8 贵阳城市品牌形象移动短视频传播模式

(1) 形成：贵阳城市品牌形象定位——爽爽的贵阳，避暑的天堂

贵阳是贵州的省会，是一座神秘的城市，市区就有真山秀水的大型公园，地处云贵高原上，但是海拔气温都不高，属于典型的避暑城市。当地人常说"爽爽贵阳"；外地人常说"避暑天堂"。中国经济增长最快的省会城市、中国大数据之都、中国最佳旅游城市……这些都是贵阳耀眼的荣誉。贵阳在努力地发展着从交通到经济到城市基础设施建设的方方面面。本书整理抖音平台上贵阳城市品牌形象相关话题，如表6-10所示。

表6-10 贵阳城市品牌形象相关话题

抖音话题	视频播放量	内容类型
爽爽贵阳dou起来	3.8亿次	挑战赛
打卡贵阳美食	3.5亿次	地方饮食
抖in美好贵阳	1.5亿次	挑战赛
贵阳美食	8623.9万次	地方饮食
2018赤水or土城抖音挑战	4116.6万次	挑战赛
周杰伦贵阳演唱会	3785.8万次	生活记录类/情景类
贵阳原来不一样	2084.9万次	生活记录类
贵阳花果园	1429.0万次	城市景观
地表最强贵阳站	1200.8万次	情景类
贵阳数博会	1186.6万次	纪实类
贵阳话	539.2万次	生活记录类/情景类

资料来源：抖音App平台。

根据抖音上贵阳相关话题的播放量，在发起挑战赛方面，"爽爽的贵阳dou起来"以3.8亿的播放量排在"#多彩贵州'抖'起来#"抖音挑战赛项目的第二名。相较于重庆和西安虽然在播放量上还处于弱势，但其排名第2位的正是贵阳的城市品牌形象定位——爽爽的贵阳，避暑的天堂。可见，该定位在抖音上的传播深入人心。

贵阳城市的形象符号能够为受众感知贵阳、认识贵阳、了解贵阳、亲近贵阳提供多层次的感性触点。它不仅是旅游传播的雄厚资本，更是城市品牌的物质基石。对于不同的受众而言，每一个接触点都具有一定的吸引力，都可能会创造不同程度的"爽"之体验。因而，"爽爽的贵阳，避暑的天堂"不仅是一个旅游号召，也是一个城市的魅力所在。

(2) 运用：原生推广 + 商业推广

第一，原生推广：蓝 V 企业号——打造专属人设型。政务申请抖音账号，传播正能量。2019 年 5 月 10 日，头条传媒发布 4 月媒体抖音榜，贵阳网在上千家媒体抖音号中脱颖而出，跻身全国媒体抖音总榜 10 强。贵阳网、贵阳公安等政务号于 2018 年 10 月正式入驻抖音，全面开启短视频传播贵阳"好声音"的探索。

贵阳公安开通仅仅一天点击量就突破 1000 余万次，点赞量近 50 万次。该类政务号正式入驻抖音短视频平台，将在今后借助短视频可视化、冲击力强、传播范围广的优势，以更加生动、率真的方式向年轻用户展现当代人民警察形象和日常警务工作。利用政务号新媒体化打造出城市治理新方式，从而起到为贵阳旅游文化保驾护航的作用。

第二，商业推广：DOU + 系列挑战赛。贵阳的城市品牌形象传播从事件营销入手。"2010 中国·贵阳避暑季"，由贵州省人民政府、国家旅游局主办，中共贵阳市委、贵阳市人民政府、贵州省旅游局承办。从避暑节到避暑季，从一个节事活动蜕变成一个系统的、综合的旅游长期项目。

贵阳市自 2015 年启动"千园之城"建设，计划将公园面积从 2014 年的 6.8 万亩增加至 33 万亩，人均公园绿地面积由 10.95 平方米提升到 13 平方米，截至 2019 年 4 月，贵阳市已建成城市公园、森林公园、山体公园、湿地公园、社区公园"五位一体"公园 1025 个，"300 米见绿、500 米见园"的目标正逐步实现。同时要做好管理维护措施，提升园林绿化水平，达到"城在林中建，人在园中游"的效果。

2018 年，抖音在贵州落地开花，抖音贵州省独家合作代理商贵州云图时代策划的"抖音 + 贵州"合作案例也是可圈可点。利用开展多种挑战赛来打造贵阳的文化旅游产业。2018 年 11 月 22 日至 11 月 30 日，由贵阳市网信办举办，碧桂园集团贵州区域友情支持的"爽爽贵阳 dou 起来"挑战赛反响热烈。2019 年 6 月 16 日至 7 月 31 日，"抖 in 美好贵阳"通过参与添加景区位置标签，记录在四季贵州景区内的一天的挑战赛应者云集。2019 年 6 月 21 日，抖音面向全国各省市正式启动了"Dou 说家乡美"——区域创作人扶持计划，贵州等省份成为首批上线的区域。

"爽爽的贵阳 dou 起来"以 3.8 亿的播放量排在"#多彩贵州'抖'起来#"抖音挑战赛项目的第二名，同时，视频内的一系列美食也带动了贵阳的美食打卡热潮。"抖 in 美好贵阳"作为新晋话题也以1.5亿的播放量排在前列。"Dou 说家乡美"的话题也调动了居民参与，让贵阳独有的花果园、数博会、贵阳话受到追捧。让贵阳从旅游资源上做到"爽爽贵阳，避暑的天堂"，也从人文上开启了"政务形象，中国数谷"的新篇章。

（3）触达：观看者/UGC/PGC/企业

利用移动短视频平台，政府等官方的刻板印象在新媒介下变为蓝V政务号，打造专属人设的城市治理者形象。通过与云图时代达成的产业合作，利用开展挑战赛，由PGC拍摄示范视频，引导UGC共同参与。在推广旅游资源并吸引游客、消费者前来贵阳旅游、消费打卡的同时，打造"数博会——中国数谷"等新的人文形象，为城市品牌管理者、潜在投资者提供商机。

贵阳在定位上突出了凉爽的气候优势，体现了生态休闲度假旅游城市。因此在传播上着重从产业合作和抖音平台宣传成一个综合旅游长期项目，分阶段传播。从避暑节到避暑季，再到后来的温泉月，以主打夏季的避暑凉爽入手，让人们从不同方面感受贵阳这个旅游城市带来的舒爽体验。

5. 南宁城市品牌形象的移动短视频传播案例研究

结合SAT城市品牌形象移动短视频传播模式图（见图6-4）、南宁城市品牌形象定位和南宁城市移动短视频传播的特点，本书绘制南宁城市品牌形象移动短视频传播模式图，如图6-9所示。

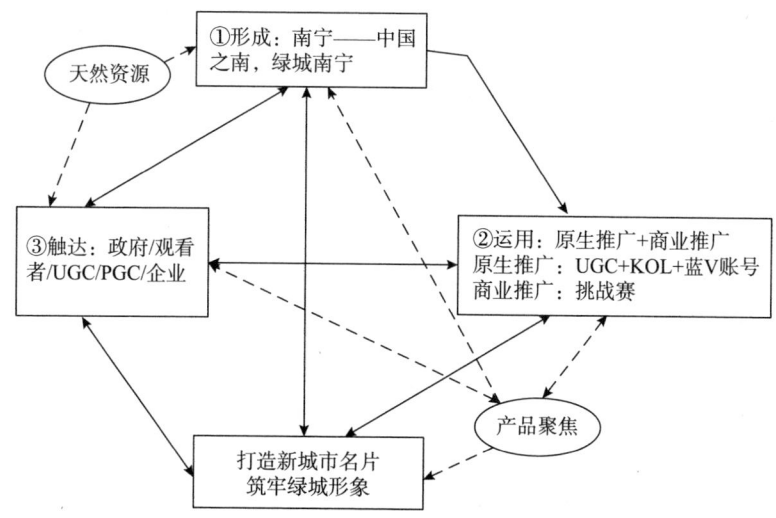

图6-9 南宁城市品牌形象移动短视频传播模式

(1) 形成：南宁城市品牌形象定位——中国之南，绿城南宁

南宁市是中国唯一的沿海沿边自治区的省会城市，是西南地区最便捷的出海通道，在我国与东南亚的交往中扮演着重要的角色。在亚热带季风气候下，常年花海环绕，绿树成荫，富产热带水果，素有"四季绿都"的美称。它是一座有着悠久历史的文化古城，古称"邕州"，是以壮族为主要土著民族的多民族和谐聚居地，同时也是一座富有现代化气息的活力城市。本书整理抖音平台上南宁城市品牌形象相关话题，如表6-11所示。

表6-11 南宁城市品牌形象相关话题

抖音话题	视频播放量	内容类型
广西旅游抖起来	30.2亿次	挑战赛
抖in美好南宁	2.4亿次	挑战赛
南宁职业技术学院	5935.6万次	情景类/搞笑类
南宁方特东盟神话	3167.9万次	商业景点
广西南宁	2815.4万次	历史景点/城市景观
南宁美食	2440.3万次	地方饮食
南宁市	1165.8万次	历史景点/城市景观
南宁电动车	577.9万次	城市景观/政务形象
绿城南宁	453.5万次	城市景观

资料来源：抖音App平台。

在抖音上，这座城市的电动车、绿城和高楼大厦等成了最有特色的地方，让很多网友刷新了对南宁的印象，纷纷慕名前往，一睹南宁如今翻天覆地的经济建设变化，为感受绿城之美而来。

(2) 运用：原生推广+商业推广

第一，原生推广：UGC+KOL+蓝V账号。与其他城市不同，在过去很长一段时间里，南宁这座城市的形象都是模糊的。南宁在抖音上的火爆，实际上是城市形象的再定义。在抖音上，南宁满城的电动车、因高绿化率而生的"绿城"旧称、有特色的商业休闲设施成为新的南宁城市名片。

UGC：2018年9月14日，"南宁用户@相辅相成"将电动自行车大军过马路的视频发在抖音上。该视频获得146.3万次点赞，在南宁热门城市视频中排名第一，使南宁获得"电动车之城"的称号，也传播了南宁政府有效管理

电动车的典范形象。

KOL：在获得"电动车之城"称号后，"科普博主@地理趣谈"就通过一条短视频和大家分享了不少跟广西有关的冷门知识，其中提到"广西是电动车大省，其中每三个南宁人就拥有一辆电动车，南宁电动车保有量坐拥全国第一"。这再一次加深了人们对南宁的印象。作为一款致力于记录美好生活的短视频 App，科普类短视频内容也是抖音内容生态中重要的组成部分。因此该视频第一时间就获得了网友们 21.3 万次点赞。截至 2019 年 2 月 28 日，抖音平台科普内容累计播放量已超过 3500 亿次，条均播放量高出抖音整体条均播放量近 4 倍，用户点赞量已超过 125 亿次。

蓝 V 账号：2019 年 4 月 15 日，电动车新国标正式实施，南宁市车管所发放出第一张新国标电动车车牌"南宁00001"。民警在现场为群众讲解新国标电动车上牌的相关事宜。"广西交警抖音号"发布的抖音短视频点击量超过 145 万次。截至 2019 年 7 月，这条视频的抖音点击量为 154.4 万次，点赞 1.5 万次。

第二，商业推广——挑战赛。相比于前 4 个案例城市来说，南宁举办的挑战赛较少。2018 年 10 月 1 日至 2018 年 10 月 7 日，南宁市旅游发展委举办南宁市"广西旅游抖起来"抖音短视频挑战赛。参赛方式：#广西旅游抖起来#，然后@广西旅游发展委员会 + @南宁旅游即可。然而，在时间的分配上仅 6 天，而且话题中没有提及南宁，是对整个广西壮族自治区的宣传，不够聚焦。在这之后，#抖 in 美好南宁#话题页自 2019 年 4 月上线抖音 App 以来，一共聚合话题视频 339 条，播放量达 831.4 万次。在抖音话题排行榜上，从关于南宁的话题来看，南宁更依赖于广西壮族自治区这一前缀，同时从播放量上也反映出了"绿城南宁"在今后还应该多方面更深入进行南宁的城市形象传播。

（3）触达：政府/观看者/UGC/PGC/企业

中国之南，绿城南宁不仅是城市外观上的绿同时也是人文精神上的绿。在抖音的传播上利用 UGC 和 PGC 将电动车这一产品聚焦于打造"电动车之城"的南宁，让因高绿化率而生的"绿城"形象更生动。同时政府利用蓝 V 官方账号在宣传时也体现了南宁政府有效管理电动车的典范形象。从一个小的电动车刷新了南宁的印象，吸引旅游者慕名前来感受绿城之美，让城市品牌管理者能从新的角度考虑打造南宁形象，也让当地居民在利用抖音平台的过程中和政府相关部门的距离更近。绿色城市品牌形象可以提供积极的效益，如更强的本地认同，更好的社会文化生态系统服务，并最终创造一个吸引旅游与投资的绿色城市品牌。

南宁在定位上引发了视觉想象。不同于贵阳的"爽"，南宁"绿城"的定位调动了人的感官系统。在传播上，聚焦于电动车这一绿色环保产品，从抖音上满城的电动车视频到政府用政务号有效管理电动车的形象突出高绿化率、高效环保、高效治理的"绿城"形象。

第四节　北京城市品牌形象移动短视频传播模式

在对重庆、西安、广州、贵阳、南宁5个城市进行案例分析的基础上，本节将归纳总结出它们利用移动短视频平台传播的共同点和值得借鉴之处，从而提出北京城市品牌形象的移动短视频传播模式。

一、城市案例研究总结

本书总结归纳出5个城市运用前文所述的SAT模型进行城市品牌形象移动短视频传播的相同点与不同点，如表6-12所示。

表6-12　5个城市运用SAT模型进行城市品牌形象移动短视频传播比较

比较项	重庆	西安	广州	贵阳	南宁
S（Shape）形成	结合了地理环境与人文	明确了具体的向西方向	保证了以人为本	突出了气候优势	引发了视觉想象
A（Apply）运用	平台多元化	传播方式多元化	人群划分多元化	阶段多元化	产品聚焦
T（Touch）触达	利用多平台的不同用户类型进行多元合作	利用多种类型的内容传播打破用户刻板印象，从而进行城市品牌创新	利用对普通民众与商务人士的划分，突显宜居的形象	利用分阶段传播：从避暑季到温泉月；再从政务保障旅游安全到数博会吸引新投资	利用体现"绿城"环保的产品——电动车引申到良好的政府形象，保障和促进旅游的发展

此外，根据城乡总体规划与各个城市在传播上的侧重点将它们划分为

3 组。

1. 城乡总体规划为"交通枢纽城市"：重庆、南宁

"山水之城，激情之都"的重庆是国家重要的现代制造业基地，西南地区综合交通枢纽。"中国之南，绿城南宁"的南宁是北部湾经济区中心城市，我国西南地区连接出海通道的综合交通枢纽。

在城乡总体规划中，两者都属于交通枢纽城市，但是在抖音平台的传播上两者的侧重点是不同的。重庆利用蓝 V 企业号 + 话题挑战赛的方式，以"行·重庆——2019 网络达人重庆行暨文旅融合金点子征集"活动为契机，通过"重庆穿越之旅""美食达人重庆行"等活动体现出一座充满激情不断行走的枢纽城市，以多方面的视角推动重庆旅游发展。

南宁运用 UGC + KOL + 蓝 V 账号 + 挑战赛，聚焦于电动车进行了一系列推广，以"电动车之城"不仅展现城市绿色环保的"绿城"交通文化，同时通过不断强化单一产品来吸引游客到南宁体验西南地区最便捷的出海通道。

新一线城市重庆作为抖音上的爆款城市在营销上更多元化，而二线城市南宁则以保守的方式通过产品入手利用抖音来传播城市形象，这也是一种小城市传播的独特方式。

2. 传播侧重点为"国际化"：西安、广州

媒介的国际化与短视频在跨文化传播上的优越性为城市品牌形象的国际传播创造了前所未有的良机。从目前来看，适合借力短视频推进国际传播的城市可分为以下 3 类：举办国际会议的城市、一带一路的边疆城市、中国传统文化浓厚的城市。

西安的城市品牌形象定位是"内陆改革开放新高地、向西开放门户城市"，既是一带一路的边疆城市，也是中国传统文化浓厚的城市。西安利用企业号、KOL 营销 + 挑战赛的同时还进行线下推广活动。在西安城墙文化节上，政府斥巨资动用无人机进行"春舞大西安"的表演在为屹立的古城装点了现代化色彩的同时与广告业巨头奥美签订聘任书，为西安城市形象在国际上的传播进行了推广。

千年商都广州的城市品牌形象定位是"美丽宜居城市，活力全球城市"。从其定位就可看出"全球"国际化的印记。但在抖音的传播上，广州过于分散。可能是受到重庆、西安"美食热"的影响，广州大力开展美食宣传等一

系列活动，增进了旅游，但其商务城市的国际化也偏离了正轨。广州利用宣传片、节事活动等传统单向传播的方式与短视频双向传播的挑战赛制造流量热点的同时也进行线下推广。但其在宣传片和节事活动上着力开展的花城品牌宣传项目、广州国际纪录片节、广州马拉松、广州草莓音乐节等大型和特色文化节事活动都是面向普通民众的重点传播活动，可以提高广州旅游观光的趣味性。随后在2018年承办的世界航线大会与73个国际城市建立友好关系的营销效果凸显了其商务城市的国际化魅力所在。

广州与北京同为老牌一线城市，广州的移动短视频传播模式值得北京借鉴。广州对不同利益相关者采取不同的方式进行传播，普通民众、旅游参观者、商务投资者因所处层次的不同，对广州城市形象的认知也不同，但最终要与城市整体形象定位相契合，不能自相矛盾。

3. 传播侧重点为"人文旅游"：贵阳、西安

贵阳的城市品牌形象定位为"爽爽的贵阳，避暑的天堂"。在抖音平台上利用蓝V企业号打造专属人设，运用政务号传播正能量，为旅游城市贵阳的安全保驾护航。让贵阳从旅游资源上做到"爽爽的贵阳，避暑的天堂"，也从人文上开启了"政务形象，中国数谷"的新篇章。

西安的城市品牌形象定位为"内陆改革开放新高地，向西开放门户"。同样是利用蓝V政务号，不同于贵阳从"打造安全，传递正能量"上入手，西安则用短视频来展现古城风貌和传统文化，因此超过70家西安的政府机构在抖音上开通了账号并发布短视频，西安博物院、西安文化等蓝V政务号悉数在列。

因此，针对不同的城市定位特点，在采用蓝V政务号传播上也要有所区分，对症下药。

二、北京城市品牌形象移动短视频传播模式图与热门话题分析

在数字时代下，作为"抖音之城"的冠军北京，如何使用移动短视频对北京"身安北京，春风化雨"的定位进行传播，以达到与利益相关者积极互动、共创价值、实现多赢？这是本书最终要解决的问题。

1. 北京城市品牌形象移动短视频传播模式图

本书延续上述5个案例城市的研究方法，先对抖音上与北京相关话题的播

放量排名进行梳理,并对排名在前 10 的话题进行分析,将提出北京运用抖音平台进行移动短视频传播的最终模型与具体措施。

本书绘制北京城市品牌形象移动短视频传播模式图,如图 6-10 所示。

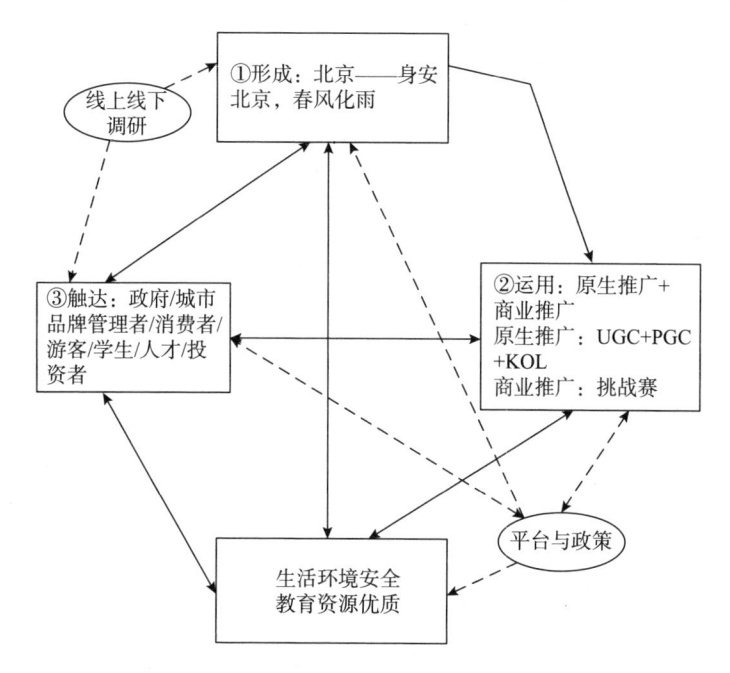

图 6-10 北京城市品牌形象移动短视频传播模式

本书提出的北京城市品牌定位为:"身安北京,春风化雨",聚焦于"安全"与"教育"这两个维度,对其进行重点移动短视频传播。

2. 北京城市品牌形象在抖音上的热门话题

通过对抖音平台上带有"北京"字样的话题进行搜索,根据其播放量整理出排名前 10 的话题并对其划分内容类型,如表 6-13 所示。

表 6-13 抖音上北京相关话题的播放量

排名	抖音话题	视频播放量	内容类型
1	北京	27.8 亿次	总体话题
2	北京美食探店	7.4 亿次	地方饮食
3	北京冬奥会倒计时 1000 天	4.3 亿次	生活记录类
4	北京南站	3 亿次	市政设施/政府形象
5	北京大学	2 亿次	教育类

续表

排名	抖音话题	视频播放量	内容类型
6	跟着抖音嗨吃北京	2.1 亿次	挑战赛
7	北京国际电影节	1.6 亿次	生活记录类
8	北京天安门	1.5 亿次	历史景点/城市景观
9	2019 北京台春晚	1 亿次	生活记录类
10	北京话	7340.2 万次	教育类

资料来源：抖音 App 平台。

以下对排名前 10 的话题进行内容分析，并重点分析其中能体现北京城市品牌形象定位"身安北京、春风化雨"的内容。

（1）排名第 1 的话题："北京"。运用：原生推广——蓝 V + UGC。

"北京"话题以 27.8 亿次的播放量排在播放榜榜首，在对里面的视频进行观看时发现了一个与北京密切相关的话题——"北漂"。"北漂"是在北京生活的一批不能被遗忘的群体。"北漂"以 7.5 亿次的话题量在抖音上火爆。其中有蓝 V"一条"拍摄的"北漂夫妻隐居北京乡下，把 600 平方米废弃院子改造成理想的家"获得 3.1 万次的点赞量，也有"BTV 最北京"拍摄的"身边人身边事儿，最北京带您瞧瞧城市飞行侠外卖小哥"获得 7.9 万次的点赞量。更多的是 UGC 们拍摄的在北京的生活现实。"秋天大大"拍摄的"在北京三十岁的男人一个月需要多少花销"被点赞 47.7 万次，获得 7619 个评论、2955 个转发，"仙人掌"拍摄的"失业第 N 天，好多人问我为什么要北漂"被点赞 1.2 万次，获得评论 1220 个、转发 924 个。

从中可以看出利益相关者对"北京不轻松，但有志者事竟成"的北京城市品牌形象价值定位的亲身体验，可见 UGC 的拍摄更接地气，更能让在北京的北漂们产生情感上的共鸣。

（2）排名第 2 与第 6 的话题："北京美食探店""跟着抖音嗨吃北京"。运用：商业推广——挑战赛。

随着区域化门店引流的抖店入驻，抖音的商业气息日益凸显，从广告到门店的引流再到视频电商的加持。其中，抖店是抖音为本地门店类客户最新推出的区域化营销工具，旨在通过本地 POI、本地视频内容加热工具以及本地资源位展示等功能，助力品牌打造区域化最具创新性的商业活动。

早前，抖音通过"跟着抖音吃遍全国"的话题，携手美食达人，一分钟带你吃遍全国。截至 2019 年 7 月，这个话题在抖音上的热度已经达到了 16.2 亿次。在这个话题之下，"跟着抖音嗨吃北京"，热度达 2.1 亿次，各类区域美食大 V 帮着做后续推广。

（3）排名第 3、第 7 和第 9 的话题："北京冬奥会倒计时 1000 天""北京国际电影节""2019 北京台春晚"。运用：原生推广——节事赛事：蓝 V + 黄 V。

第一，北京冬奥会倒计时 1000 天，运用黄 V + 蓝 V。北京冬奥会倒计时 1000 天的话题利用北京 2022 年冬奥会，新京报等蓝 V 企业、索契冬奥会冠军国际奥委会委员张虹、中国九球天后潘晓婷等黄 V 明星进行联合推广。

第二，北京国际电影节，运用蓝 V。北京国际电影节的话题运用了抖音大明星、网易娱乐、BTV 新闻等蓝 V 进行推广。

第三，2019 北京台春晚，运用蓝 V。北京台春晚自身利用蓝 V 号就发布了 128 个作品，拥有 44.4 万粉丝，获得 367.4 万次的点赞。利用在北京台春晚录制的间隙对明星进行采访，并让明星们献上 2019 年的祝福。

小结以上，同样是节事活动营销传播，通过蓝 V 和黄 V 明星的共同参与会让话题更受关注，这使得"北京冬奥会倒计时 1000 天"的播放量更高。

（4）排名第 4、第 5 和第 8 的话题——"北京南站""北京大学""北京天安门"。运用：原生推广——蓝 V + UGC + PGC。

第一，北京南站——用蓝 V 传播"安全"。运用"法治进行时"蓝 V 政务号推广。截止到 2019 年 7 月，该账号共 807 个作品、274 万粉丝、2246.6 万次点赞。例如，"北京南站女子携带超量自喷式压力罐过安检拒不配合"的视频，视频中民警为了大家乘坐高铁的安全对该女子进行教育，并在视频中标注出"按规定乘坐高铁禁止携带超过 120ML 的自喷式压力罐容器，而该女子所携带的压力罐是 150ML"，不仅惩治了不良安全行为，还宣传了安全常识。

第二，北京天安门——UGC + PGC。天安门作为首都北京的象征、标志性建筑之一，成为众多 UGC、PGC 用户拍摄打卡的圣地。PGC"所在位置"拍摄的天安门广场升旗时整齐划一的军人步伐获得了 6371 个赞，底下网友进行互动，用"中国骄傲""天之骄子，忠诚卫士"等对中国军人的中国精神进行赞美。UGC 用户"雷弦"拍摄的在零下十几摄氏度的气温下，北京天安门依旧人山人海，向战斗在值勤岗位的战友们致敬，获得了 1816 个赞。虽然北京天安门没有蓝 V 账号，但是 UGC + PGC 对这一标志性景点的纷纷拍摄和点赞也使得北京天安门成了播放排行榜的前 10。

"北京南站"运用蓝 V 账号对不符合出行安全的行为进行纠正，传播安全理念，诠释了北京城市品牌形象的"全球最安全城市""违法犯罪十年最低、户籍人口犯罪中国最低"这一"身安北京"的利益定位。而"北京天安门"作为北京的标志性建筑之一，在天安门执勤的军人，每天清晨无论刮风下雨，都迈着整齐的步伐进行升旗仪式。北京的安全是由这些训练有素的军人所守护的。

第三，"北京大学"——教育 + 蓝 V + 网红/明星/KOL + 建筑资源优势。纵观抖音热门话题排行榜，可以看到"北京大学"以 2 亿次的播放量排名第 5 位。众所周知，北京拥有"中国最优质、最丰富教育资源"（北京城市品牌形象利益定位），北京大学更是其中数一数二的领先者。北京大学的蓝 V 账号目前有 85 个作品，70.6 万粉丝，433.0 万次点赞。其中既有"高考加油站"系列鼓励大家朝着梦想努力，欢迎报考北大众院系，又有北京大学纪念五四运动 100 周年纪录片《新时代新青年》宣传北大校友的光荣事迹。同时，在教学上，将在北大举办的讲座，北大思政教师开设的"思政热点面对面"课程，以及如何在北大选课等一系列贴近学生生活学习的课程都进行了拍摄及展示。

除了北京大学的蓝 V 账号以外，一些网红的加入也让其教育资源优势被推广。"李雪琴的北大一日游""撒贝宁的北大还行吧"，明星与 KOL 的加入让北大的话题变得火爆。与此同时，北京大学一律采用中国传统三合院形式成组设计、中高边低、主次分明、重复总体的"品"字形建筑格局，是中国近代建筑中传统形式与现代功能相结合的精品，具有较高的环境艺术价值，可以说中国风浓郁。所以吸引了众多游客去北大牌匾下合影，去未名湖边游玩打卡。可以说，北京大学在充分利用蓝 V 进行宣传的同时利用了网红、明星和 KOL 进一步宣传，不仅将自己的教育资源优势推广出去，同时利用独有的校园环境吸引了众多游客前去观光打卡，体现了北京大学的京味文化与浓郁的中国风魅力，也充分诠释了北京"春风化雨"这一教育相关的城市品牌形象定位。

(5) 排名第 10 的话题——"北京话"。运用：原生推广——UGC + PGC + 蓝 V。

"北京话"是由居民、企业官方抖音和专业拍摄达人共同打造。其中居民 UGC 常小亮，作为个体户通过一系列的北京话视频吸引众多粉丝关注。共拍摄 393 个作品，拥有 48.2 万粉丝和 183.9 万次点赞。企业官方抖音蓝 V 账号 BTV 最北京是北京电视台科教频道《最北京》栏目官方抖音账号。共拍摄 81 个作品，拥有 34.7 万粉丝和 66.4 万次点赞。专业拍摄达人 PGC 老北京城，为用户讲述不知道的北京，共拍摄 122 个作品，拥有 71.1 万粉丝和 173.0 万点赞。通过对比可以看出，在抖音平台 UGC 和高质量的 PGC 拍摄作品更受关注，在拍摄数量上，数量与粉丝及点赞呈现正相关。

三、SAT 北京城市品牌形象移动短视频传播"坐"字模型

本书提出 SAT 城市品牌形象移动短视频传播模式图（见图 6-4），对 5 个代表性城市进行案例研究，提出北京城市品牌形象移动短视频传播模式图，对抖音平台上北京城市品牌形象的热门话题进行内容分析。在以上工作的基础上，本书最终提出 SAT 北京城市品牌形象移动短视频传播"坐"字模型。

该模型的形状类似中文的"坐"字。"坐"字又可拆为两个"人"与一个"土"。两个"人"代表众人，即多方利益相关者；"土"即土地、土壤，即耕耘的平台。"坐"字模型的含义为：在北京城市品牌形象的传播过程中，多方利益相关者依托于抖音平台积极互动、共创价值、实现多赢。同时，"坐"的英文过去式是 SAT。因此，SAT 北京城市品牌形象移动短视频传播"坐"字模型无论是从中文还是从英文来看，都体现了本书的研究主题，如图 6-11 所示。

1. 从政府角度提出的具体传播措施

（1）申请政务号打造北京治安蓝 V 风向标——政务号蓝 V。通过对 5 个城市的案例研究发现，使用政务号申请蓝 V 都是从政府角度促进城市品牌形象传播的优质手段。

抖音平台将帮助政府、媒体与有专业短视频生产能力的机构对接，通过培训教学、制作内容等方式，提升政府媒体在抖音上的内容生产能力，弘扬主旋律、传播正能量，为广大网民特别是青少年营造一个积极健康、营养丰富、正

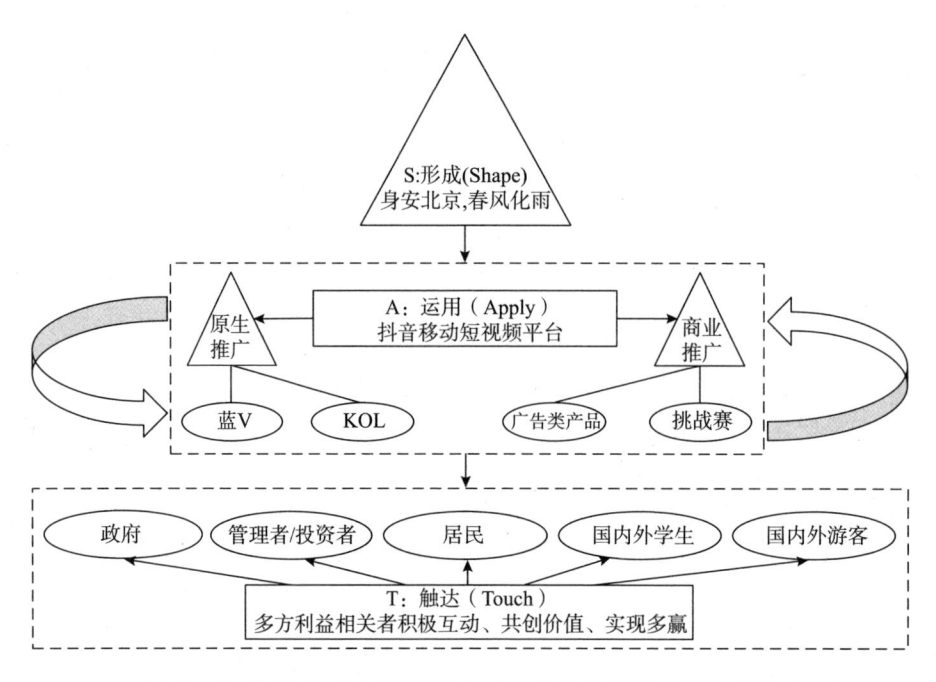

图 6-11 SAT 北京城市品牌形象移动短视频传播"坐"字模型

能量充沛的网络视频空间。

从此，政府便不再是高高在上的空中楼阁，而是更贴近百姓，保障安全的守护者。同时，新开通的政务号要向目前优质的政务号学习，增强点击率和关注度。

在政务号申请命名时要独具特色、简洁易记。例如，北京市公安局反恐怖和特警总队已于 2018 年 5 月正式入驻抖音，开设账号"北京 SWAT"并发布了第一个视频。S. W. A. T. 是特种武器与战术（Special Weapons And Tactics）的缩写，俗称"特警队"（该名字明显更好）。该视频以抖音当时流行的音乐作为配乐，节奏紧凑地展示了特警队员的日常训练。其中狙击射击、实战演习等场景都是首次出现在抖音。该条视频不到 12 小时就已经收获了超过 250 万的点赞和 7 万的评论。

(2) 运用抖音平台分区域打造北京城的特色——分区域传播。该措施借鉴了广州根据人群分类进行传播的做法。

北京作为首都，是中国的政治文化中心，有很多历史古迹和城市景观。北京有 16 个区，可以依据区域划分打造北京城的特色。

在教育方面，北京一直是"东西海"，也就是东城、西城、海淀处于领先地位。在安全经济方面，朝阳区的"朝阳群众"们最有发言权。同时可以利用北京的几个郊区打造"农家乐""一日游"等北京旅游特色。

例如，朝阳区政府可以鼓励居民在抖音平台上拍摄相关"安全"的视频，如"惊天！朝阳群众发现×××"。但在拍摄中要立足于事件的真实性与合法性。海淀区政府可以和东西城的政府合作打造北京优质教育环境的移动短视频。郊区则可依据每个区的特点制造广告推广旅游，最终实现政府、游客、居民、平台的多赢。

又如，顺义区旅游委就举办了北京市首个抖音挑战赛。为全面展示"品质顺义乐享生活"的顺义旅游形象，打造京津冀高端精品休闲旅游目的地，顺义区旅游委充分借助抖音平台这一宣传新阵地，于2019年1月19日创建官方抖音号"悠游顺义"，并举行北京市第一个真正意义上的官方抖音挑战赛"顺义极客"，通过抖音微视频 PK 活动，向广大网友宣传推广顺义冰雪、温泉、美食、景点等优质旅游资源，以立体鲜活、有趣好玩的短视频充分展现顺义冬季旅游魅力，有效提升城市品牌影响力和知名度。截至2019年7月，"悠游顺义"抖音号发布视频13个，总计2.4万人点赞，吸引7599名粉丝关注。"顺义极客"活动于1月19日到2月28日期间已有150余名网友参与，其中还包括知名抖音网红20余名，共上传了200余个参赛视频，点赞超100万次，产生了近10万条评论，共获得了2391万视频播放量。

2. 从城市品牌管理者/投资者角度提出的具体传播措施

（1）与能凸显北京城市品牌的企业合作——企业蓝 V + 电商。在第四章中，本书发现，很多利益相关者不知道有哪些知名品牌来自北京，也不清楚北京有哪些特色产品，尤其是外国人对这些品牌更是陌生。根据调查，本书列出了14个北京最著名的品牌：全聚德北京烤鸭、同仁堂中药、燕京啤酒、联想、百度、京东、美团、稻香村中国传统食品、小米、CCTV、新浪、360安全、雪花啤酒、李宁。

《抖音企业蓝 V 白皮书》显示，截止到2018年6月13日，知名品牌蓝 V 账号粉丝数前50中有小米、京东和美团等品牌。北京城市品牌管理者可以和这些企业合作。

例如，在传播"身安北京"这一安全相关的定位时，可与360安全等企业合作；在传播"春风化雨"这一教育相关的定位时，可与 CCTV、新东方等企业合作。

（2）打造抖店，呼吁利益相关者共同参与——抖店 + 互动。该举措借鉴了"跟着抖音嗨吃北京"挑战赛。

抖店 POI（Point Of Interest），即"兴趣点"，在导航地图中代表景点、机构、公司、商铺、饭馆等标志物的入口功能加持下，当用户浏览相关的视频时，可以一键进入店铺的专属 POI 页面，了解到包含店铺名称、店铺位置、营业时间、联系方式、店铺环境等在内的更多相关信息。另外商家通过抖店还可以享受本地"加热"、本地资源位展示等功能。这一工具的推出旨在把线上的流量倒流给线下门店，进而实现消费转化。

2018 年 8 月，抖音对企业号开放了店铺认领——拥有线下门店的企业可认领自家门店的 POI 地址。认领成功后，在 POI 地址页，将展示对应企业号及店铺基本信息，支持电话呼出，为企业门店提供信息曝光及流量转化。

例如，城市品牌管理者可以与抖音上的优质教育机构合作，在抖店中放置一些在线课程的优惠券，设置多人满减等活动，实现城市品牌管理者、投资者和消费者等多赢。

（3）开展竞赛，深入互动传播——挑战赛。在安全方面，城市品牌管理者可以根据北京的优势联合抖音短视频平台推出以"北京安全大课堂"为话题的挑战赛，鼓励 UGC 和 PGC 参与拍摄视频。

在教育方面，可以开设话题挑战赛，例如"我在北京××受教了""我在北京××大学等你来"通过各高校、教育培训机构的宣传，将北京的教育资源优势依托短视频平台进行深入推广，实现多方利益相关者的共赢。

3. 从居民角度提出的具体传播措施

（1）居住在北京的中国人：创建社群监督网——挑战赛 + 社群互动。在安全上可针对"北漂"一族的交通安全，鼓励 UGC 利用抖音平台拍摄自身的原创视频，创建安全社群。例如可将"外卖小哥"作为一个对象，保障他们的出行安全。针对"外卖小哥"的交通安全可以采取挑战赛的形式。开展"最稳外卖员"等挑战赛，力求安全保障而不是接单数量，居民通过拍摄送外卖的过程并上传至指定社区，并通过最终评选给予获奖者一定的奖励。不仅让居民之间通过平台进行了互动，还倡导了一种和谐交通和谐北京的环境，更可让大家理解外卖这一行业的辛苦,在出行路上尽可能不和外卖员因车速而产生摩擦,彼此增进一份信任与理解,而外卖员自身也能领悟到出行安全的重要性,让北京城市交通更安全。

(2)居住在北京的外国人:形成北京特色美食安全打卡热潮——Tik Tok 平台+互动。该措施是借鉴重庆案例中对抖音国际版(Tik Tok)的运用。在本书第四章中,发现外国人对中国的美食情有独钟,但却对食品安全问题非常关注。外国人喜欢北京的胡同,而胡同里的美食虽然美味但也存在一些安全隐患。可以利用抖音国际版进行传播。通过拍摄在美食打卡过程中对餐厅在制作菜品以及房间布局的安全性上的视频,来传递出北京特色美食不仅美味还干净卫生的良好形象。同时可以借鉴南宁在传播上运用的科普帖走红的方式,为所拍摄的餐厅起个好名字,类似于"你不知道的××餐厅的秘密"可以增加热度,在拍摄中也能体会互动的乐趣。

4. 从国内外学生角度提出的具体传播措施

(1)国内学生:打造线上教育小课堂——挑战赛+微博微信。北京大学作为国内顶尖的学府之一,其蓝V账号影响力在北京高校中遥遥领先。然而北京高校众多,其他高校应借鉴北京大学,打造自己学校的教育优势。例如,北京电影学院可以举办"你演我猜"等活动。通过学生自行拍摄电影或电视剧片段并上传来让观看者猜所演绎的内容,既立足于草根扩展了演技,又宣传了知名度。同时也可以与微信微博平台相关联,毕竟移动短视频时间有限,讲课是不现实的,可在最后标注出"观看续集可等待抖音更新也可关注微博/微信号×××"。

(2)国外学生:形成游学新风口——挑战赛+KOL。该措施借鉴了西安传播方式多元化所产生的学习+旅游的合作模式,并借鉴贵阳案例中政务保障旅游安全来传播北京"全球最安全城市"这一城市品牌形象定位下的留学优势。留学目标城市形象,特别是其中的高等教育形象左右着国际学生的选择意向。针对外国学生,他们从家乡千里迢迢来到北京读书,北京的教育资源吸引他们的到来,但目前学习+旅游的留学模式更受欢迎。可以利用北京的优势,从旅游上打造安全的环境,从教育上打造优质教育资源的角度,利用抖音平台开展普通话学习热潮,拍摄"京味普通话我能说"等话题传播汉语热潮、京味文化。利用请KOL进行进一步传播,身在异国他乡,同样是外国人更能产生情感共鸣，因此可以请外国 KOL 来打造游学新风口的建设。

5. 从国内外游客角度提出的具体传播措施

（1）国内游客：提高再次到访率——分类人群+节事活动广告。拥有丰富文化节庆活动以及体育文化设施的城市空间是促使游客重游的重要因素。节事创新可以增加到访，因此可以立足于北京的安全与教育的定位进行传播。可以借鉴广州的传播方式，将国内游客进行划分，得出商务人士和旅行人士的不同需求，从而打造针对性的传播。

北京是国际化都市，很多会议都在北京举行，商务人士来北京大多会以开商务会议为主，旅游次之，所以可以让"北京会议中心"等各大会议举办地申请抖音账号，将安全舒适的商务住宿环境在平台上传播，在吸引商务人士来北京开会居住的同时，对自己的品牌也是一种推广。

也可通过"北京马拉松"这种节事活动来打造广告，利用抖音入口几秒钟的开屏广告进行传播。这可以让其他城市的马拉松爱好者通过打开抖音得知北京有赛事，同时，在赛事的宣传上也要体现出北京特色。可以提前拍摄好在筹备该赛事时人员为了比赛安全所做的准备工作，并以设置链接的形式与开屏广告进行结合。

（2）国外游客：借力 Tik Tok 平台——挑战赛+KOL。在 2018 世界旅游城市发展排行榜中北京排第 5 名，可以说北京在旅游发展上还有上升空间。可以利用抖音的国外品牌 Tik Tok 平台与抖音共同进行北京旅游资源的推广。以挑战赛和广告语结合的方式，类似于中国抖音平台中火爆的手势舞，边说边演绎出来。在广告语上可以发挥北京的资源优势与外国游客的主观能动性，自行设置宣传语，中英文均可。例如"这里没有枪支泛滥，这里很安全"等宣传语。并在 Tik Tok 上寻找旅游达人，以 KOL 的形式让他们拍摄凸显北京特色的旅游地标，例如天安门、鸟巢水立方、北京各大胡同等视频进行推广。

上述利益相关者大多也是消费者，因此上述具体传播措施对消费者同样具有适用性。

第七章　北京城市品牌形象对利益相关者决策的影响

第一节　研究假设与研究模型

学者们探索了认知、情感和意动旅游目的地形象之间的关系（Agapito et al.，2013），但尚未发现有研究探索认知、情感和意动城市品牌形象之间的关系。

此外，意动旅游目的地形象主要包括游客对旅游目的地的推荐意向、口碑和重游意向等（Agapito et al.，2013）；而意动城市品牌形象的内涵更丰富，包括利益相关者对城市代表性产品服务的购买意向，来该城市旅游的意向，来该城市求学的意向，在该城市居住、工作、生活的意向和在该城市进行投资的意向（Kotler et al.，1993）。然而，尚未发现有研究探索城市品牌形象对多方利益相关者多种行为意向的影响。

城市品牌形象为某种"形象"，反映人们的主观态度（王长征，寿志钢，2007）。本书以 ABC 态度模型（Solomon，2018）作为理论基础。ABC 态度模型提出层级效应来解释当个体进行不同类型的决策（标准学习、低介入和体验层级）时，其认知、情感和意动之间的不同关系（Solomon，2018）。其中，标准学习层级假设消费者对某项决策是高度介入的。首先，个体会广泛地搜集信息以建立自己对各个备选方案的认知；其次，他们会评价各个备选方案并形成自己对各个备选方案的感受（情感）；最后，他们倾向于选择自己最喜欢的备选方案（意动）。上述过程可概括为：认知→情感→意动。

对于利益相关者来说，离开老家去某个城市求学、居住、工作、生活是人生中的重大决策，属于高介入决策；出远门去某个城市旅游与在某个城市投资对多数利益相关者也属于高介入决策。基于ABC态度模型，此时个体的情感对其认知与意动之间的影响关系起链式中介作用（刘亚，2012）。基于此，本书推导，认知城市品牌形象通过中介变量情感城市品牌形象影响意动城市品牌形象。

根据前述的北京城市品牌"重要性-评分"矩阵，并参考北京全国政治中心、文化中心、国际交往中心、科技创新中心的城市战略定位，本书将北京的认知城市品牌形象分为4个维度：重点营销维度（安全、教育）、着重改善维度（环境、气候、生活成本、居住、健康保健）、加强传播维度（政治经济地位、文娱、交往、科技创新、国际化程度）和其他维度（交通与基础设施、产品服务、商业优势、治理、职业选择与就业），并提出如下假设：

H1：认知城市品牌形象的重点营销维度（安全、教育）通过中介变量情感城市品牌形象影响（a）购买意向、（b）旅游意向、（c）求学意向、（d）居住工作生活意向、（e）投资意向。

H2：认知城市品牌形象的着重改善维度（环境、气候、生活成本、居住、健康保健）通过中介变量情感城市品牌形象影响（a）购买意向、（b）旅游意向、（c）求学意向、（d）居住、工作、生活意向、（e）投资意向。

H3：认知城市品牌形象的加强传播维度（政治经济地位、文娱、交往、科技创新、国际化程度）通过中介变量情感城市品牌形象影响（a）购买意向、（b）旅游意向、（c）求学意向、（d）居住、工作、生活意向、（e）投资意向。

H4：认知城市品牌形象的其他维度（交通与基础设施、产品服务、商业优势、治理、职业选择与就业）通过中介变量情感城市品牌形象影响（a）购买意向、（b）旅游意向、（c）求学意向、（d）居住、工作、生活意向、（e）投资意向。

综上所述，本书构建认知-情感-意动城市品牌形象模型，如图7-1所示。

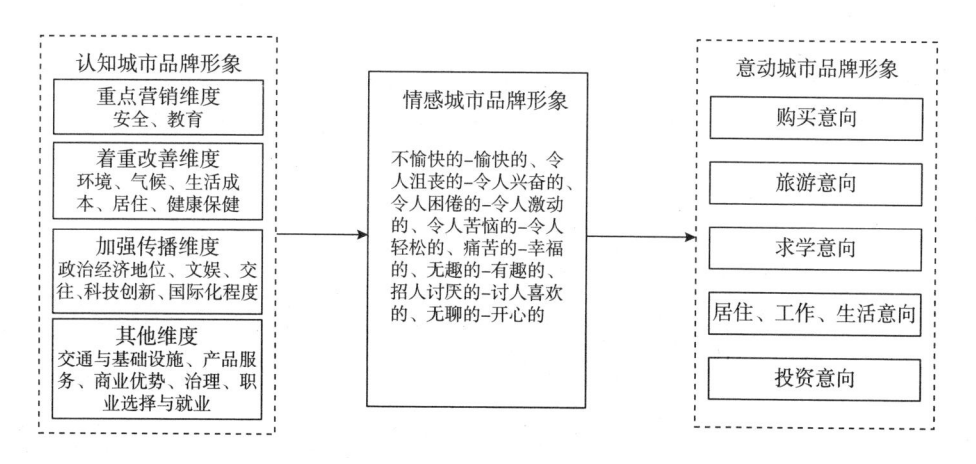

图 7-1　认知-情感-意动城市品牌形象模型

第二节　研究方法

问卷设计、调查对象和数据收集同第三章第一节与第四章第一节的相应部分，此处不再重复。购买意向，旅游意向，求学意向，居住、工作、生活意向和投资意向这 5 个构念均只有 1 个问项，偏最小二乘结构方程模型（PLS-SEM）对构念的问项数量没有要求（Hair et al.，2014）。因此，本研究主要使用 SmartPLS v.3.2.7 软件进行数据分析。在如图 7-1 所示的结构模型中，情感目的地形象被 4 个箭头指到，为所有构念中最多。根据文献的建议，在 $\alpha = 0.05$ 的显著性水平下，要检验出最小 0.10 的 R^2 值，最小样本量为 137 个（Hair et al.，2014）。本书进行了 2 次问卷调查，中国人与外国人的有效样本量之和为 2299 个，满足要求。

第三节　数据分析

一、外模型

1. 信度检验

问项的因子载荷应大于 0.7 的限制性水平（Hair et al.，2014）。本书运用

SmartPLS v. 3.2.7 软件进行数据分析，发现："着重改善维度"的 3 个问项（生活成本、健康保健、居住）、"加强传播维度"的 2 个问项（国际化程度、科技创新）和其他维度的 1 个问项（交通与基础设施）的因子载荷小于 0.7 的限制性水平。

当出现这种情况时，文献建议的处理方法是：第一，如果问项的因子载荷小于 0.4，则直接删除该问项。第二，如果问项的因子载荷在 0.4~0.7，可以尝试删除该问项，若删除后该问项所测量构念的平均变异萃取值（AVE）增加至大于 0.5 的限制性水平，且组成信度（CR）增加至大于 0.7 的限制性水平，则删除该问项；反之则保留该问项（Hair et al.，2014）。

依据该处理方法，本书删除 4 个问项：生活成本、健康保健、国际化程度、交通与基础设施；保留 2 个问项：居住、科技创新。由此得到北京的认知－情感－意动城市品牌形象最终模型，如图 7-2 所示。

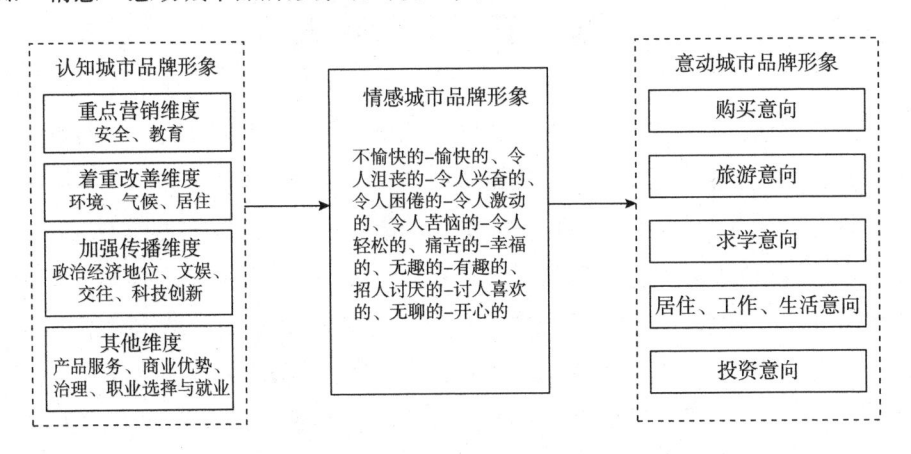

图 7-2　北京的认知－情感－意动城市品牌形象最终模型

本研究对剩余的问项重新排序，得到数据分析所用的构念与问项。运用 SmartPLS v. 3.2.7 软件进行信度检验与收敛效度检验，如表 7-1 所示。

表 7-1　信度与收敛效度检验

构念	问项	平均值（标准差）	因子载荷	CR	AVE
重点营销维度	Safety	5.08 (1.33)	0.810	0.804	0.673
	Education	5.59 (1.22)	0.830		

续表

构念	问项	平均值（标准差）	因子载荷	CR	AVE
着重改善维度	Housing	3.92 (1.52)	0.649	0.801	0.575
	Environment	4.52 (1.37)	0.829		
	Climate	3.86 (1.35)	0.785		
加强传播维度	Status	5.51 (1.21)	0.767	0.843	0.574
	Culture and Leisure	5.38 (1.18)	0.822		
	Encounters	5.07 (1.17)	0.742		
	Innovation	5.00 (1.19)	0.695		
其他维度	Goods and Services	4.68 (1.16)	0.779	0.851	0.588
	Business Potential	5.17 (1.19)	0.773		
	Governance	4.88 (1.21)	0.770		
	Employment and Career	5.21 (1.25)	0.746		
情感城市品牌形象	ACI1	5.19 (1.56)	0.810	0.940	0.662
	ACI2	5.12 (1.50)	0.818		
	ACI3	5.02 (1.55)	0.778		
	ACI4	4.52 (1.69)	0.718		
	ACI5	4.97 (1.53)	0.835		
	ACI6	5.22 (1.54)	0.844		
	ACI7	5.14 (1.51)	0.857		
	ACI8	5.18 (1.50)	0.841		
购买意向	PI	4.87 (1.15)	1.000	1.000	1.000
旅游意向	TI	5.18 (1.30)	1.000	1.000	1.000
求学意向	SI	5.37 (1.35)	1.000	1.000	1.000
居住、工作、生活意向	RWLI	4.76 (1.46)	1.000	1.000	1.000
投资意向	II	5.02 (1.30)	1.000	1.000	1.000

如表7-1所示，各构念的组成信度（CR）均大于0.7的限制性水平，这表明量表有良好的信度（Hair et al.，2014）。

2. 效度检验

（1）收敛效度。如表7-1所示，各构念的平均变异萃取值（AVE）均大于0.5的限制性水平，这表明量表有良好的收敛效度（Hair et al.，2014）。

(2) 区别效度。如表 7-2 所示，每个构念的平均变异萃取值（AVE）的平方根值均大于它与其他构念的相关系数，这表明量表有良好的区别效度（Hair et al., 2014）。

表 7-2 信度与收敛效度检验

构念	其他维度	加强传播维度	居住、工作、生活意向	情感城市品牌形象	投资意向	旅游意向	求学意向	着重改善维度	购买意向	重点营销维度
其他维度	**0.77**									
加强传播维度	0.75	**0.76**								
居住、工作、生活意向	0.42	0.38	**1.00**							
情感城市品牌形象	0.50	0.48	0.40	**0.81**						
投资意向	0.47	0.43	0.58	0.36	**1.00**					
旅游意向	0.47	0.45	0.42	0.44	0.43	**1.00**				
求学意向	0.49	0.50	0.51	0.40	0.50	0.49	**1.00**			
着重改善维度	0.52	0.40	0.38	0.41	0.31	0.41	0.29	**0.76**		
购买意向	0.50	0.47	0.42	0.45	0.44	0.50	0.47	0.36	**1.00**	
重点营销维度	0.56	0.62	0.28	0.37	0.34	0.34	0.46	0.36	0.37	**0.82**

注：对角线上的粗体数值为各构念的 AVE 的平方根值，其他数值为构念之间的相关系数。

3. 数据同源偏差检验

本研究参考文献所使用的方法进行同源偏差检验（黄敏学，等，2015）。

(1) 哈曼（Harman）单因子检验法。对全部构念的测项进行探索性因子分析，如果未旋转之前的第一个因子方差解释率超过 50%，表明同源偏差较大。SPSS 18.0 软件分析的结果表明，第一个因子的方差解释率为 36.150%，小于 50%，说明数据的同源偏差在可接受的范围之内。

(2) 检验构念之间的相关系数。如果构念之间的相关系数大于 0.9，表明同源偏差较大。构念之间的相关系数最大者为 0.75，小于 0.9，表明本研究的测量数据是可靠的。由以上可知，本研究的数据同源偏差问题不严重。

4. 多重共线性检验

根据文献的建议（Hair et al.，2014），本研究通过以下两个步骤检验多重共线性。

（1）使用方差膨胀因子（VIF）进行多重共线性检验。如果方差膨胀因子大于5，表明多重共线性问题较严重。数据分析结果显示，构念之间的方差膨胀因子最大者为3.112，表明变量之间的多重共线性不严重。

（2）本研究采用拔靴法（Bootstrapping）抽样5000次进行检验。发现所有问项的外部权重均在 $\alpha = 0.05$ 的显著性水平下显著。以上表明，变量之间的多重共线性不严重，所有问项均保留。

最后，依据文献的建议，偏最小二乘结构方程模型无须检验模型的拟合优度（Hair et al.，2014）。

二、内模型

1. 路径系数的显著性检验

根据文献的建议（Hair et al.，2014），本研究采用拔靴法（Bootstrapping）抽样5000次，得到内模型的路径分析结果，如表7-3所示。

表7-3 结构模型路径系数的显著性检验

结构模型路径	路径系数	t 值	p 值	检验结果
重点营销维度→情感城市品牌形象	0.055	2.373	0.018	显著
着重改善维度→情感城市品牌形象	0.203	10.745	0.000	显著
加强传播维度→情感城市品牌形象	0.202	6.597	0.000	显著
其他维度→情感城市品牌形象	0.214	6.949	0.000	显著
情感城市品牌形象→购买意向	0.447	24.196	0.000	显著
情感城市品牌形象→旅游意向	0.442	22.911	0.000	显著
情感城市品牌形象→求学意向	0.402	21.027	0.000	显著
情感城市品牌形象→居住、工作、生活意向	0.397	20.608	0.000	显著
情感城市品牌形象→投资意向	0.363	17.666	0.000	显著

注：拔靴法（Bootstrapping）抽样5000次，检验类型为双尾检验，显著性水平 $\alpha = 0.05$。

由表7-3可知，重点营销维度、着重改善维度、加强传播维度和其他维度这4个认知城市品牌形象的维度对情感城市品牌形象的影响都是显著的；情感城市品牌形象对购买意向，旅游意向，求学意向，居住、工作、生活意向和投资意向这5个意动城市品牌形象的影响也都是显著的。

2. 中介效应检验

本研究使用索贝尔检验（Sobel Test）、艾罗恩检验（Aroian Test）和古德曼检验（Goodman Test）进行中介效应检验，结果如表7-4所示。

表7-4 中介效应检验

构念关系	衡量构念	路径系数 t值	索贝尔检验 z值	艾罗恩检验 z值	古德曼检验 z值	中介效应显著性
KMD→ACI→PI	KMD→ACI	2.373	2.362*	2.360*	2.364*	显著
	ACI→PI	24.196				
KMD→ACI→TI	KMD→ACI	2.373	2.360*	2.358*	2.363*	显著
	ACI→TI	22.911				
KMD→ACI→SI	KMD→ACI	2.373	2.358*	2.355*	2.361*	显著
	ACI→SI	21.027				
KMD→ACI→RWLI	KMD→ACI	2.373	2.357*	2.355*	2.360*	显著
	ACI→RWLI	20.608				
KMD→ACI→II	KMD→ACI	2.373	2.352*	2.348*	2.356*	显著
	ACI→II	17.666				
FID→ACI→PI	FID→ACI	10.745	9.820***	9.813***	9.827***	显著
	ACI→PI	24.196				
FID→ACI→TI	FID→ACI	10.745	9.728***	9.721***	9.736***	显著
	ACI→TI	22.911				
FID→ACI→SI	FID→ACI	10.745	9.568***	9.560***	9.577***	显著
	ACI→SI	21.027				
FID→ACI→RWLI	FID→ACI	10.745	9.528***	9.519***	9.537***	显著
	ACI→RWLI	20.608				
FID→ACI→II	FID→ACI	10.745	9.180***	9.170***	9.191***	显著
	ACI→II	17.666				
SCD→ACI→PI	SCD→ACI	6.597	6.365***	6.360***	6.370***	显著
	ACI→PI	24.196				
SCD→ACI→TI	SCD→ACI	6.597	6.339***	6.334***	6.345***	显著
	ACI→TI	22.911				

续表

构念关系	衡量构念	路径系数 t 值	索贝尔检验 z 值	艾罗恩检验 z 值	古德曼检验 z 值	中介效应显著性
SCD→ACI→SI	SCD→ACI	6.597	6.294***	6.288***	6.301***	显著
	ACI→SI	21.027				
SCD→ACI→RWLI	SCD→ACI	6.597	6.283***	6.276***	6.290***	显著
	ACI→RWLI	20.608				
SCD→ACI→II	SCD→ACI	6.597	6.180***	6.171***	6.189***	显著
	ACI→II	17.666				
OD→ACI→PI	OD→ACI	6.949	6.679***	6.674***	6.684***	显著
	ACI→PI	24.196				
OD→ACI→TI	OD→ACI	6.949	6.650***	6.644***	6.656***	显著
	ACI→TI	22.911				
OD→ACI→SI	OD→ACI	6.949	6.598***	6.591***	6.605***	显著
	ACI→SI	21.027				
OD→ACI→RWLI	OD→ACI	6.949	6.585***	6.578***	6.592***	显著
	ACI→RWLI	20.608				
OD→ACI→II	OD→ACI	6.949	6.467***	6.458***	6.476***	显著
	ACI→II	17.666				

注：KMD 表示重点营销维度；ACI 表示情感城市品牌形象；PI 表示购买意向；TI 表示旅游意向；SI 表示求学意向；LI 表示居住、工作、生活意向；II 表示投资意向；FID 表示着重改善维度；SCD 表示加强传播维度；OD 表示其他维度；* 表示 p 值<0.05；** 表示 p 值<0.01；*** 表示 p 值<0.001。

由表 7-4 可知，重点营销维度、着重改善维度、加强传播维度和其他维度这 4 个认知城市品牌形象的维度均通过情感城市品牌形象影响购买意向，旅游意向，求学意向，居住、工作、生活意向和投资意向这 5 个意动城市品牌形象的维度。本书提出的所有假设均得到支持。

3. 总效应检验

总效应检验结果如表 7-5 所示。

表 7-5 总效应检验

结构模型路径	总效应	t 值	p 值	总效应显著性
重点营销维度→购买意向	0.025	2.353	0.019	显著

续表

结构模型路径	总效应	t 值	p 值	总效应显著性
着重改善维度→购买意向	0.091	9.660	0.000	显著
加强传播维度→购买意向	0.090	6.260	0.000	显著
其他维度→购买意向	0.096	6.403	0.000	显著
情感城市品牌形象→购买意向	0.447	24.196	0.000	显著
重点营销维度→旅游意向	0.024	2.347	0.019	显著
着重改善维度→旅游意向	0.090	9.434	0.000	显著
加强传播维度→旅游意向	0.089	6.120	0.000	显著
其他维度→旅游意向	0.095	6.551	0.000	显著
情感城市品牌形象→旅游意向	0.442	22.911	0.000	显著
重点营销维度→求学意向	0.022	2.317	0.021	显著
着重改善维度→求学意向	0.081	9.699	0.000	显著
加强传播维度→求学意向	0.081	6.117	0.000	显著
其他维度→求学意向	0.086	6.423	0.000	显著
情感城市品牌形象→求学意向	0.402	21.027	0.000	显著
重点营销维度→居住、工作、生活意向	0.022	2.358	0.018	显著
着重改善维度→居住、工作、生活意向	0.080	9.166	0.000	显著
加强传播维度→居住、工作、生活意向	0.080	6.236	0.000	显著
其他维度→居住、工作、生活意向	0.085	6.300	0.000	显著
情感城市品牌形象→居住、工作、生活意向	0.397	20.608	0.000	显著
重点营销维度→投资意向	0.020	2.358	0.018	显著
着重改善维度→投资意向	0.074	9.023	0.000	显著
加强传播维度→投资意向	0.073	6.061	0.000	显著
其他维度→投资意向	0.078	6.115	0.000	显著
情感城市品牌形象→投资意向	0.363	17.666	0.000	显著

注：拔靴法（Bootstrapping）抽样 5000 次，检验类型为双尾检验，显著性水平 $\alpha = 0.05$；总效应 = 直接效应 + 间接效应。

由表 7-5 可知，重点营销维度、着重改善维度、加强传播维度和其他维度这 4 个认知城市品牌形象的维度对意动城市品牌形象（购买意向，旅游意向，求学意向，居住、工作、生活意向和投资意向）的总效应均要远远小于情感城市品牌形象。4 个认知城市品牌形象的维度对意动城市品牌形象的总效应之和小于情感城市品牌形象——对购买意向的总效应，0.025+0.091+0.090+0.096=0.302<0.447；对旅游意向的总效应，0.024+0.090+0.089+0.095=0.298<0.442；对求学意向的总效应，0.022+0.081+0.081+0.086=0.270<0.402；对工作、居住、生活意向的总效应，0.022+0.080+0.080+0.085=0.267<0.397；对投资意向而言，0.020+0.074+0.073+0.078=0.245<0.363。总体而言，认知与情感城市品牌形象对购买意向的总效应最大、对投资意向的总效应最小，总效应从大到小依次为：购买意向>旅游意向>求学意向>工作、居住、生活意向>投资意向。

第四节 研究结论与管理决策建议

第一，本书提出了北京的认知、情感和意动城市品牌形象的维度。

根据前述研究内容，并参考北京"四个中心"的城市战略定位，本书将北京的认知城市品牌形象分为4个维度：重点营销维度、着重改善维度、加强传播维度和其他维度。外模型的数据分析结果表明，重点营销维度包括2个问项：安全与教育；着重改善维度包括3个问项：环境、气候和居住；加强传播维度包括4个问项：政治经济地位、文娱、交往和科技创新，这4个维度也与北京全国政治中心、文化中心、国际交往中心、科技创新中心的"四个中心"城市战略定位相一致，符合政策导向；其他维度包括4个问项：产品服务、商业优势、治理、职业选择与就业。

着重改善维度不包括生活成本这个初始问项，理由如前文所述，全球最具竞争力的城市，如纽约、伦敦、东京和巴黎等都是寸土寸金。作为中国的首都，北京生活成本高、房价高，在某种程度上象征着北京在全国领先的城市品牌竞争力，这是无须，也无法改变的。由于北京房价高的局面很难改变，建议北京市政府进一步推进经济适用房、公租房和廉租房建设，从整体上改善北京的居住条件；同时投入优势资源着重改善北京的环境、气候和交通便利性等，使北京更加宜居。

北京的情感城市品牌形象包括8个维度：不愉快的-愉快的、令人沮丧的-令人兴奋的、令人困倦的-令人激动的、令人苦恼的-令人轻松的、痛苦的－幸福的、无趣的－有趣的、招人讨厌的－讨人喜欢的、无聊的－开心的。

北京的意动城市品牌形象包括 5 个维度：购买意向，旅游意向，求学意向，居住、工作、生活意向和投资意向。

第二，认知、情感和意动城市品牌形象之间存在影响关系。

认知城市品牌形象的 4 个维度（重点营销维度、着重改善维度、加强传播维度和其他维度）通过中介变量情感城市品牌形象进一步影响意动城市品牌形象（购买意向，旅游意向，求学意向，居住、工作、生活意向，投资意向）。

情感城市品牌形象对意动城市品牌形象各个维度的总效应普遍要强于认知城市品牌形象。这表明，与各方利益相关者进行情感沟通，引发他们的共鸣十分重要。建议北京的城市管理者与营销机构等合作，使用故事营销等手段，在社交媒体上塑造有鲜明北京特色的情感城市品牌形象；同时与影视公司等合作，拍摄更多的、优质的类似《奋斗》《北京青年》这样的以北京为背景的年轻人努力奋斗的励志电视剧与电影——通过以上方式展示北京"北京不轻松，但有志者事竟成""可能有时痛苦，但更多的是通过奋斗获取幸福""可能有压力，但生活绝对丰富多彩"的情感城市品牌形象（这也与前文所述的北京城市品牌的价值定位相匹配），赢得利益相关者情感上的共鸣。

第三，北京的认知、情感和意动城市品牌形象评分不高的维度。

北京的认知城市品牌形象方面。着重改善维度的 3 个问项：气候（评分均值为 3.86 分）、居住（评分均值为 3.92 分）和环境（评分均值为 4.52 分），它们的评分均值不高，如前所述，建议着重改善。

北京的情感城市品牌形象方面。"令人苦恼的－令人轻松的"（评分均值为 4.52 分）与"痛苦的－幸福的"（评分均值为 4.97 分）2 个维度评分不高。如前所述，北京生活节奏快、生活成本高、生活压力大，这让利益相关者不轻松，有时感到痛苦。但如前所述，这正好可以塑造为北京城市品牌的价值定位"北京不轻松，但有志者事竟成"——符合北京"世界高端人才聚集地"的政策导向。

北京的意动城市品牌形象方面。购买意向（得分均值为 4.87 分）与居住、工作、生活意向（4.76 分）2 个维度评分不高。如前所述，在北京工作争分夺秒、宜居性一般、生活压力大，这导致利益相关者在北京居住、工作、生活的意向相对不高。如前所述，建议政府与城市品牌管理者想方设法使北京更宜居，让国内外高端人才"进得来、留得住、干得好、融得进"。

此外，利益相关者对来自北京的品牌与北京特色产品的购买意向不高。

在访谈过程中，本书发现，很多利益相关者不知道有哪些知名品牌来自于北京，也不清楚北京有哪些特色产品，尤其是外国人对这些品牌更是陌生。根据调查，本书列出了 14 个北京最著名的品牌名单：全聚德北京烤鸭、同仁堂中药、燕京啤酒、联想、百度、京东、美团、稻香村中国传统食品、小米、CCTV、新浪、360 安全、雪花啤酒、李宁。这份名单既包括新兴的互联网品牌（如小米、京东和美团等），也包括中华老字号品牌（如全聚德北京烤鸭、同仁堂中药和稻香村中国传统食品等）。

基于光环－汇总效应模型（the halo－summary effect model）（Han，1989；杨一翁，2017），城市品牌与来自该城市的公司/产品品牌很有可能是相互影响的关系（杜漪，张小梅，2006；李光明，2007）。北京的城市品牌竞争力全国领先，上述品牌均为知名品牌，因此两者是相互促进的关系。建议北京城市品牌管理者积极与上述知名品牌合作（特别是联想、CCTV、小米、百度、燕京啤酒和京东这 6 个北京品牌，外国人比较熟悉且很多外国人曾经使用或体验过），发挥北京城市品牌与北京知名公司品牌的协同效应。在这些品牌的营销过程中，如前所述，使用移动短视频与利益相关者积极互动，传播其来自北京的品牌出身，让利益相关者一提到这些品牌就能联想到"北京"；同时让利益相关者对北京的知名品牌能够如数家珍。

第八章 结 论

总体来说,本书主要有 5 项研究内容:北京在中国人眼中的城市品牌形象、北京在外国人眼中的城市品牌形象、数字时代下北京城市品牌形象定位、数字时代下北京城市品牌形象传播、北京城市品牌形象对利益相关者决策的影响,5 项内容的研究结论已经在前面的各章中给出,此处不再重复。

总体而言,本书的主要结论与理论贡献如下所示。

第一,本书进一步拓展了态度理论在城市品牌研究领域的应用。

基于态度理论,本书较全面地分析了北京的认知、情感和意动城市品牌形象。

北京的认知城市品牌形象包括 4 个维度:重点营销维度(安全、教育)、着重改善维度(环境、气候、居住)、加强传播维度(政治经济地位、文娱、交往、科技创新)和其他维度(产品服务、商业优势、治理、职业选择与就业)。

北京的情感城市品牌形象包括 8 个维度:不愉快的 - 愉快的、令人沮丧的 - 令人兴奋的、令人困倦的 - 令人激动的、令人苦恼的 - 令人轻松的、痛苦的 - 幸福的、无趣的 - 有趣的、招人讨厌的 - 讨人喜欢的、无聊的 - 开心的。

北京的意动城市品牌形象包括 5 个维度:购买意向,旅游意向,求学意向,居住、工作、生活意向和投资意向。

本书运用结构方程模型与中介效应分析,揭示了"认知城市品牌形象→情感城市品牌形象→意动城市品牌形象"的链式中介影响关系;相比于认知城市品牌形象,情感城市品牌形象对意动城市品牌形象的总效应更强。

第二,本书进一步拓展了利益相关者理论在城市品牌研究领域的应用。

首先,在不同利益相关者眼中,北京的城市品牌形象是不同的。整体而言，本地居民对北京城市品牌形象的评价普遍高于到访者与未到访者；到访者的评价普遍高于未到访者。来自中国华东区域的利益相关者对北京城市品牌形象的评价最高，来自华南区域的利益相关者的评价最低。来自发展中国家的利益相关者对北京城市品牌形象的评价普遍高于来自发达国家的利益相关者。

其次，认知与情感城市品牌形象影响多个利益相关者群体的多种决策。认知城市品牌形象，通过中介变量情感城市品牌形象进一步影响消费者的购买意向，游客的旅游意向，学生的求学意向，人才的居住、工作、生活意向和投资者的投资意向。

第三，本书进一步拓展了 IPA（重要性-绩效评价分析）理论在城市品牌研究领域的应用。

安全、教育重要性高、评价高，属于重点营销维度，同时也是提出北京城市品牌形象定位的决定性维度。

环境、气候、居住重要性高、评价低，属于着重改善维度。

政治经济地位、文娱、交往、科技创新（与北京全国政治中心、文化中心、国际交往中心、科技创新中心的"四个中心"城市战略定位一致）重要性低、评价高，属于加强传播维度。

产品服务、商业优势、治理、职业选择与就业属于其他维度。

第四，本书进一步扩展了定位钻石模型在城市品牌研究领域的应用。

本书系统地提出了北京城市品牌形象定位钻石模型。

首先，北京城市品牌的目标市场为：国内外居民、消费者、游客、学生、人才和投资者。

其次，北京城市品牌的利益定位为："身安北京，春风化雨"。

北京城市品牌的价值定位为："家庭安全"（基于"身安北京"这一利益定位）与"北京不轻松，但有志者事竟成"（基于"春风化雨"这一利益定位）。

北京城市品牌的属性定位为："全球最安全城市""骗子无处藏身""违法犯罪十年最低、户籍人口犯罪中国最低"（以上是基于"身安北京"这一利益定位）；"中国最优质、最丰富教育资源""中国最佳留学城市"（以上是基于"春风化雨"这一利益定位）。

最后，在数字时代下，上述定位通过北京城市品牌形象移动短视频传播模式进行传播。

第五，本书进一步拓展了价值共创理论在城市品牌研究领域的应用。

本书提出 SAT 城市品牌形象移动短视频传播模式，三部曲为：形成（Shape）城市品牌形象定位→运用（Apply）抖音移动短视频平台→触达（Touch）多方利益相关者，从而达到城市品牌建设的各方利益相关者积极互动、共创价值、实现多赢，共享北京城市品牌价值的提升所带来的丰硕成果。

第六，本书尝试使用更科学的研究方法分析北京城市品牌形象。

首先，使用网络民族志方法，在天涯北京社区、Expat in Beijing 论坛和 the Beijinger 论坛上收集国内外利益相关者的客观、真实的评论数据，分析北京城市品牌各个维度的相对重要性，使研究结论更可信。

其次，使用访谈法，对北京的 1120 位利益相关者进行了访谈，询问他们认为北京城市品牌的哪些维度最重要，为什么重要以及如何改善。访谈研究与网络民族志研究得到的研究结果类似，使研究结论更稳健。

最后，使用问卷调查法，收集到 1881 份来自国内利益相关者的有效问卷，以及 418 份来自国外利益相关者的有效问卷，有效问卷数之和达到 2299 份，分析国内外利益相关者眼中的北京的认知、情感和意动城市品牌形象，使研究结论更全面。

第七，本书进一步丰富了城市品牌理论。

首先，界定了城市品牌的相关概念。本书界定了城市品牌化、城市品牌、城市形象、城市品牌形象、认知城市品牌形象、情感城市品牌形象、意动城市品牌形象、城市品牌形象定位的概念。

其次，提出了城市品牌的维度。本书提出城市品牌形象包括 3 种：认知城市品牌形象、情感城市品牌形象和意动城市品牌形象。

认知城市品牌形象包括 16 个维度：安全、环境、气候、生活成本、健康保健、教育、交往、文娱、交通与基础设施、治理、职业选择与就业、政治经济地位、居住、产品服务、科技创新、商业优势。

情感城市品牌形象包括 8 个维度：不愉快的－愉快的、令人沮丧的－令人兴奋的、令人困倦的－令人激动的、令人苦恼的－令人轻松的、痛苦的－幸福的、无趣的－有趣的、招人讨厌的－讨人喜欢的、无聊的－开心的。

意动城市品牌形象包括 5 个维度：购买意向，旅游意向，求学意向，居住、工作、生活意向和投资意向。

然后，分析了认知、情感和意动城市品牌形象之间的影响关系。本书发现：认知城市品牌形象通过中介变量情感城市品牌形象进一步影响意动城市品牌形象；相比于认知城市品牌形象，情感城市品牌形象对意动城市品牌形象的总效应更强。

接着，系统地提出了北京城市品牌形象定位。本书基于"由外向内"思维，从北京城市品牌建设的受众（相关中英文论坛的用户）的角度，挖掘国内外利益相关者心智中真实的北京城市品牌形象，同时考虑北京的认知与情感城市品牌形象，系统地提出了北京城市品牌形象定位钻石模型。

最后，在对抖音平台上 5 个代表性城市进行案例研究的基础上，提出了 SAT 北京城市品牌形象移动短视频传播"坐"字模型，并针对不同利益相关者提出了具体的传播措施。

参考文献

[1] Agapito D, Valle P O D, Mendes J D C. The Cognitive – Affective – Conative Model of Destination Image: A Confirmatory Analysis [J]. Journal of Travel & Tourism Marketing, 2013, 30 (5): 471 – 481.

[2] Ahn Y, Hyun S S, Kim I. City Residents' Perception of MICE City Brand Orientation and Their Brand Citizenship Behavior: A Case Study of Busan, South Korea [J]. Asia Pacific Journal of Tourism Research, 2016, 21 (3): 328 – 353.

[3] Becken S, Jin X, Zhang C, et al. Urban Air Pollution in China: Destination Image and Risk Perceptions [J]. Journal of Sustainable Tourism, 2017, 25 (1): 130 – 147.

[4] Björner E. International Positioning through Online City Branding: The Case of Chengdu [J]. Journal of Place Management & Development, 2013, 6 (3): 203 – 226 (24).

[5] ChanC – S. Health – Related Elements in Green Space Branding in Hong Kong [J]. Urban Forestry & Urban Greening, 2017 (21): 192 – 202.

[6] Chen N, Šegota T. Resident Attitudes, Place Attachment and Destination Branding: A Research Framework [J]. Tourism and Hospitality Management, 2015, 21 (2): 145 – 158.

[7] Chu R K S, Choi T. An Importance – Performance Analysis of Hotel Selection Factors in the Hong Kong Hotel Industry: A Comparison of Business and Leisure Travellers [J]. Tourism Management, 2000, 21 (4): 363 – 377.

[8] DeNoni I, Orsi L, Zanderighi L. Attributes of Milan Influencing City Brand Attractiveness [J]. Journal of Destination Marketing & Management, 2014, 3 (4): 218 – 226.

[9] Echtner C M, Brent Ritchie J R. The Measurement of Destination Image: An Empirical Assessment [J]. Journal of Travel Research, 1993, 31 (4): 3 – 13.

[10] Elliot S, Papadopoulos N, Kim S S. An Integrative Model of Place Image: Exploring Relationships between Destination, Product, and Country Images [J]. Journal of Travel Re-

search, 2011, 50 (5): 520-534.

[11] Florek M, Insch A, Gnoth J. City Council Websites as a Means of Place Brand Identity Communication [J]. Place Branding, 2006, 2 (4): 276-296.

[12] Freeman R E. Stakeholder Theory: The State of the Art [J]. Academy of Management Annals, 2010, 4 (1): 403-445.

[13] Gilboa S, Jaffe E D, Vianelli D, et al. A Summated Rating Scale for Measuring City Image [J]. Cities, 2015 (44): 50-59.

[14] Gómez M, Fernández A C, Molina A, et al. City Branding in European Capitals: An Analysis from the Visitor Perspective [J]. Journal of Destination Marketing & Management, 2018, 7 (3): 190-201.

[15] Gretry A, Horváth C, Belei N, et al. Don't Pretend to Be My Friend! When an Informal Brand Communication Style Backfires on Social Media [J]. Journal of Business Research, 2017, 74 (5): 77-89.

[16] Hair Jr J F, Hult G T M, Ringle C M, et al. A Primer on Partial Least Squares Structural Equation Modeling (PLS-SEM) [M]. Los Angeles: Sage Publications, 2014.

[17] Han C M. Country Image: Halo or Summary Construct? [J]. Journal of Marketing Research, 1989, 26 (2): 222-229.

[18] Huang H, Mao L L, Wang J, et al. Assessing the Relationships between Image Congruence, Tourist Satisfaction and Intention to Revisit in Marathon Tourism: The Shanghai International Marathon [J]. International Journal of Sports Marketing & Sponsorship, 2015, 16 (4): 46-66.

[19] Keller K L. Strategic Brand Management: Building Measuring & Managing Brand Equity [M]. New Jersey: Prentice Hall, 1998.

[20] Kotler P, Asplund C, Rein I, et al. Marketing Places Europe [M]. London: Pearson Education Ltd, 1999.

[21] Kotler P, Haider D H, Rein I. Marketing Places: Attracting Investment, Industry, and Tourism to Cities, States, and Nations [M]. New York: Free Press, 1993.

[22] Kotler P, Kartajaya H, Setiawan I. Marketing 4.0: Moving from Traditional to Digital [M]. New Jersey: Wiley, 2017.

[23] Kozinets R V. Netnography: Doing Ethnographic Research Online [M]. London: Sage Publications, 2010.

[24] Larsen G H. The 'Mental Topography' of the Shanghai City Brand: A Netnographic Approach

to Formulating City Brand Positioning Strategies [J]. Journal of Destination Marketing & Management, 2018, 8 (6): 90 – 101.

[25] Larsen H G. A Hypothesis of the Dimensional Organization of the City Construct: A Starting Point for City Brand Positioning [J]. Journal of Destination Marketing & Management, 2015, 4 (1): 13 – 23.

[26] Larsen, Gert H. The Emerging Shanghai City Brand: A Netnographic Study of Image Perception among Foreigners [J]. Journal of Destination Marketing & Management, 2014, 3 (1): 18 – 28.

[27] Li D J, Wang C L, Jiang Y, et al. The Asymmetric Influence of Cognitive and Affective Country Image on Rational and Experiential Purchases [J]. European Journal of Marketing, 2014, 48 (11/12): 2153 – 2175.

[28] Li Z, Zhao S X. City Branding and the Olympic Effect: A Case Study of Beijing [J]. Cities, 2009, 26 (5): 245 – 254.

[29] Lindblom A, Lindblom T, Lehtonen M J, et al. A Study on Country Images, Destination Beliefs, and Travel Intentions: A Structural Equation Model Approach [J]. International Journal of Tourism Research, 2018, 20 (1): 1 – 10.

[30] Lucarelli A, Berg P O. City Branding: A State – of – the – Art Review of the Research Domain [J]. Journal of Place Management & Development, 2011, 4 (1): 9 – 27.

[31] Mak A H N. Online Destination Image: Comparing National Tourism Organisation's and Tourists' Perspectives [J]. Tourism Management, 2017 (60): 280 – 297.

[32] Merrilees B, Miller D, Herington C. Antecedents of Residents' City Brand Attitudes [J]. Journal of Business Research, 2009, 62 (3): 362 – 367.

[33] Merrilees B, Miller D, Herington C. Multiple Stakeholders and Multiple City Brand Meanings [J]. European Journal of Marketing, 2012, 46 (7/8): 1032 – 1047.

[34] Oberecker E M, Diamantopoulos A. Consumers' Emotional Bonds with Foreign Countries: Does Consumer Affinity Affect Behavioral Intentions? [J]. Journal of International Marketing, 2011, 19 (2): 45 – 72.

[35] Oguztimur S, Akturan U. Synthesis of City Branding Literature (1988 – 2014) as a Research Domain [J]. International Journal of Tourism Research, 2016, 9 (4): 159 – 161.

[36] Prahalad C K, Ramaswamy V. Co – Creating Unique Value with Customers [J]. Strategy & Leadership, 2013, 32 (3): 4 – 9.

[37] Ries A, Trout J. Positioning: The Battle for Your Mind [M]. New York: McGraw –

Hill, 2001.

[38] Rokeach M. The Nature of Human Values [M]. New York: The Free Press, 1973.

[39] Roth K P, Diamantopoulos A. Advancing the Country Image Construct [J]. Journal of Business Research, 2009, 62 (7): 726-740.

[40] Smith A. Conceptualizing City Image Change: The 'Re-Imaging' of Barcelona [J]. Tourism Geographies, 2005, 7 (4): 398-423.

[41] Solomon M R. Consumer Behavior: Buying, Having, and Being [M]. Boston: Pearson, 2018.

[42] Stylos N, Vassiliadis C A, Bellou V, et al. Destination Images, Holistic Images and Personal Normative Beliefs: Predictors of Intention to Revisit a Destination [J]. Tourism Management, 2016, 53 (4): 40-60.

[43] Taplin R H. Competitive Importance-Performance Analysis of an Australian Wildlife Park [J]. Tourism Management, 2012, 33 (1): 29-37.

[44] Theodoulidis B, Diaz D, Crotto F, et al. Exploring Corporate Social Responsibility and Financial Performance through Stakeholder Theory in the Tourism Industries [J]. Tourism Management, 2017, 62 (10): 173-188.

[45] Vallaster C, von Wallpach S, Zenker S. The Interplay between Urban Policies and Grassroots City Brand Co-Creation and Co-Destruction during the Refugee Crisis: Insights from the City Brand Munich (Germany) [J]. Cities, 2018, 80 (10): 53-60.

[46] Vargo S L, Lusch R F. Evolving to a New Dominant Logic for Marketing [J]. Journal of Marketing, 2004, 68 (1): 1-17.

[47] Zenker S, Eggers F, Farsky M. Putting a Price Tag on Cities: Insights into the Competitive Environment of Places [J]. Cities, 2013, 30 (1): 133-139.

[48] Zhou L, Wang T. Social Media: A New Vehicle for City Marketing in China [J]. Cities, 2014, 37 (2): 27-32.

[49] 曹毅梅. 城市营销与形象传播的建构——河南城市形象宣传片剖析 [J]. 城市发展研究, 2013, 20 (9): 1-3.

[50] 陈晞, 薛可, 王振源. 城市形象危机防范与新闻报道——以深圳市为例 [J]. 城市问题, 2010 (2): 48-53.

[51] 陈永新. 论城市形象资源的理论界定与实践意义 [J]. 经济体制改革, 2003 (6): 160-162.

[52] 邓宁, 钟栎娜, 李宏. 基于UGC图片元数据的目的地形象感知——以北京为例 [J]. 旅游学刊, 2018, 33 (1): 53-62.

[53] 丁建庭. 别只信"坏消息"不信真相[J]. 中国广播, 2013 (9): 95.

[54] 董力三, 吴春柳. 城市形象和城市文化的社会经济意义[J]. 经济问题探索, 2006 (1): 135 – 136.

[55] 杜青龙, 袁中华, 潘明清. 拉萨市城市品牌化战略浅析[J]. 经济问题探索, 2006 (6): 39 – 43.

[56] 杜漪, 张小梅. 浅论城市品牌与企业品牌的协同效应[J]. 经济问题, 2006 (6): 25 – 26.

[57] 樊传果. 城市品牌形象的整合传播策略[J]. 当代传播, 2006 (5): 64 – 66.

[58] 郭安禧, 黄福才, 杨晶, 等. 目的地形象对感知吸引力及重游意向的影响——以厦门市为例[J]. 旅游科学, 2015, 29 (6): 50 – 67.

[59] 侯德林, 蔡淑琴, 夏火松, 等. 基于视频信息服务的城市形象传播研究[J]. 情报科学, 2012 (11): 1599 – 1602.

[60] 胡鸿影. 基于微博模式的城市品牌营销[J]. 学术交流, 2013 (11): 222 – 224.

[61] 黄海燕, 康逸琨. 体育赛事与城市形象契合对观众满意度和重游意向的影响[J]. 中国体育科技, 2018, 54 (4): 14 – 22.

[62] 黄江松. 塑造我国城市品牌的思考[J]. 湖北社会科学, 2004 (9): 61 – 63.

[63] 黄敏学, 廖俊云, 周南. 社区体验能提升消费者的品牌忠诚吗——不同体验成分的作用与影响机制研究[J]. 南开管理评论, 2015, 18 (3): 151 – 160.

[64] 黄蔚. 论城市品牌[J]. 城市发展研究, 2005, 12 (3): 76 – 80.

[65] 江红艳, 王海忠. 原产国刻板印象逆转研究前沿探析[J]. 外国经济与管理, 2011, 33 (7): 34 – 40.

[66] 李成勋. 关于城市品牌的初步研究[J]. 广东社会科学, 2003 (4): 71 – 76.

[67] 李东进, 董俊青, 周荣海. 地区形象与消费者产品评价关系研究——以上海和郑州为例[J]. 南开管理评论, 2007, 10 (2): 60 – 68.

[68] 李东进, 武瑞娟, 魏善斌. 地区形象对消费者购买意向影响研究——以天津和上海为例[J]. 管理评论, 2010 (7): 67 – 75.

[69] 李东升, 李中东. 可持续发展与城市品牌定位的关联分析——以山东省烟台市为例[J]. 科技进步与对策, 2005 (4): 22 – 24.

[70] 李飞, 刘明葳, 吴俊杰. 沃尔玛和家乐福在华市场定位的比较研究[J]. 南开管理评论, 2005, 8 (3): 60 – 66.

[71] 李飞, 刘茜. 市场定位战略的综合模型研究[J]. 南开管理评论, 2004, 7 (5): 39 – 43.

[72] 李飞，王高，杨斌，等．高速成长的营销神话——基于中国 10 家成功企业的多案例研究［J］．管理世界，2009（2）：138－151．

[73] 李光明．企业品牌与城市品牌的异同及互动［J］．城市问题，2007（11）：76－79．

[74] 李广斌，王勇，袁中金．城市特色与城市形象塑造［J］．城市规划，2006，30（2）：79－82．

[75] 李鲤，田维钢．城市形象片传播中的认同建构策略［J］．当代传播，2017（4）：39－41．

[76] 李玺，叶升，王东．旅游目的地感知形象非结构化测量应用研究——以访澳商务游客形象感知特征为例［J］．旅游学刊，2011，26（12）：57－63．

[77] 李旭轩．钻石定位在城市营销中的运用——以梧州市为例［J］．华中师范大学学报：人文社会科学版，2013（S3）：47－50．

[78] 李宗诚．节事活动与城市形象传播［J］．当代传播，2007（4）：31－33．

[79] 刘东锋．城市营销中体育赛事与城市品牌联合战略研究［J］．武汉体育学院学报，2008，42（5）：38－41．

[80] 刘湖北．关于南昌城市品牌形象定位与传播的思考［J］．江西社会科学，2005（2）：241－245．

[81] 刘路．论城市形象传播理念创新的路径与策略［J］．城市发展研究，2009，16（11）：155－157＋162．

[82] 刘卫东．城市形象工程之我见［J］．城市规划，2003（4）：23．

[83] 刘卫梅，林德荣．旅游城市形象和情感联结对旅游意愿的影响［J］．城市问题，2018（8）：97－105．

[84] 刘亚．神经质与生活满意度的关系：情绪和自尊的链式中介作用［J］．心理科学，2012，35（5）：1254－1260．

[85] 陆书．旅游目的地形象对重游意愿的影响研究——以来杭台湾游客为例［J］．浙江学刊，2013（4）：171－175．

[86] 罗哲辉．户外广告创意塑造城市品牌新形象［J］．装饰，2015（6）：104－105．

[87] 孟令东，杨晓平，范静波．北京留学形象的实证研究——基于国际学生的视角［J］．中国高教研究，2018（7）：83－87．

[88] 潘忠岐．中国人与美国人思维方式的差异及其对构建"中美新型大国关系"的寓意［J］．当代亚太，2017（4）：41－66＋155．

[89] 钱明辉，李军．城市品牌化成功要素研究：ISE 概念模型［J］．国家行政学院学报，2010（4）：69－73．

[90] 钱志鸿,陈田. 发达国家基于形象的城市发展战略[J]. 城市问题,2005(1):63-68.

[91] 邱硕. 城市历史与公众记忆——成都城市形象塑造研究[J]. 青海民族研究,2016,27(2):18-22.

[92] 任寿根. 品牌化城市经营研究:基于行为区位理论框架[J]. 管理世界,2003(5):52-59.

[93] 沈建华,肖锋. 大型体育赛事对城市形象的塑造[J]. 沈阳体育学院学报,2004,23(6):745-746+785.

[94] 沈山,祁豫玮,林炳耀. 文化都市:形象定位与建设策略——以南京市为例[J]. 人文地理,2005,20(2):84-87.

[95] 宋欢迎,张旭阳. 城市品牌形象利益相关者感知度测度[J]. 城市问题,2017(5):26-34.

[96] 孙丽辉,毕楠,李阳,等. 国外区域品牌理论研究进展探析[J]. 外国经济与管理,2009,31(2):40-49.

[97] 孙丽辉,史晓飞. 我国城市品牌产生背景及理论溯源[J]. 中国行政管理,2005(8):52-54.

[98] 覃成林. 基于产业和文化资源优势的澳门城市形象定位研究[J]. 城市发展研究,2009,16(10):123-126.

[99] 唐子来,陈琳. 经济全球化时代的城市营销策略:观察和思考[J]. 城市规划学刊,2006(6):45-53.

[100] 陶建杰. 城市形象传播的误区突破与策略选择[J]. 城市问题,2011(2):25-29.

[101] 万敏,郑加华. 城市CI——城市形象营造的新方法[J]. 城市规划,2001,25(10):72-74.

[102] 王晖. 城市品牌战略的规划方法刍议——以内蒙古自治区包头市为例[J]. 经济与管理研究,2006(3):45-48+94.

[103] 王山河,陈烈. 基于结构方程式模型的广州城市形象元素分析评价[J]. 经济地理,2010,30(1):69-74.

[104] 王续琨,陈喜波. 城市形象与城市形象学[J]. 城市问题,2001(6):5-9.

[105] 王长征,寿志钢. 西方品牌形象及其管理理论研究综述[J]. 外国经济与管理,2007,29(12):15-22.

[106] 文春英,刘小晔,李寒松,等. 历史元素对城市形象传播的意义[J]. 当代传播,2014(4):104-106.

[107] 吴奇凌. 新媒体环境下城市形象的塑造与传播——以贵州省遵义市为例 [J]. 贵州社会科学, 2013 (5): 155-158.

[108] 熊铮铮. 论媒介传播与城市品牌构建 [J]. 河南社会科学, 2012, 20 (5): 104-106.

[109] 徐颖. 城市品牌视角下"汽车城"形象资源整合策略研究 [J]. 社会科学战线, 2012 (11): 238-240.

[110] 杨杰, 胡平, 苑炳慧. 熟悉度对旅游形象感知行为影响研究——以重庆市民对上海旅游形象感知为例 [J]. 旅游学刊, 2009, 24 (4): 56-60.

[111] 杨妮, 高军, 路春燕, 等. 基于SEM的城市旅游形象与游客行为意愿关系研究——以西安市为例 [J]. 干旱区资源与环境, 2015, 29 (2): 190-195.

[112] 杨妮, 马耀峰, 白凯. 基于扎根理论的城市形象定位研究——以潼关为例 [J]. 城市发展研究, 2010, 17 (11): 72-76.

[113] 杨一翁, 孙国辉, 陶晓波. 国家目的地形象和出境旅游意向 [J]. 经济管理, 2017, 39 (4): 145-160.

[114] 杨一翁. 消费者视角下的国家品牌 [M]. 北京: 知识产权出版社, 2017.

[115] 杨云. 从晋商影视剧看城市形象传播 [J]. 当代电影, 2015 (5): 172-175.

[116] 叶巍岭, 周南希. "国际金融中心"需要怎样的城市形象广告片?——上海城市形象广告片的受众认知和态度比较研究 [J]. 上海经济研究, 2011 (9): 28-39.

[117] 张宏梅, 蔡利平. 国家形象与目的地形象: 概念的异同和整合的可能 [J]. 旅游学刊, 2011, 26 (9): 12-18.

[118] 张会锋. 里斯和特劳特定位理论反思——一个基于认知的实证研究 [J]. 管理世界, 2013 (7): 113-122.

[119] 张静儒, 陈映臻, 曾祺, 等. 国家视角下的目的地形象模型——基于来华国际游客的实证研究 [J]. 旅游学刊, 2015, 30 (3): 13-22.

[120] 张岚, 周玮, 朱明远. 空间视角下城市感知形象对游客重游意向的影响效应研究 [J]. 城市发展研究, 2016 (1): 111-115.

[121] 张琳. 移动短视频发展及其应用探析 [J]. 出版广角, 2017 (14): 66-68.

[122] 张文彤. SPSS统计分析基础教程(第2版)[M]. 北京: 高等教育出版社, 2011.

[123] 张燚, 刘进平, 张锐. 基于扎根理论的城市形象定位与塑造研究: 以重庆市为例 [J]. 旅游学刊, 2009, 24 (9): 53-60.

[124] 张燚, 张锐. 城市品牌论 [J]. 管理学报, 2006, 3 (4): 468-476.

[125] 张忠国, 陈翔宇. 基于四面体模型的多维度城市形象研究 [J]. 城市问题, 2008 (9): 24-28.

[126] 赵士林. 外国留学生的上海形象的影响因素研究 [J]. 新闻大学, 2012 (1): 94-98.

[127] 郑国. 基于地方文脉的城市形象定位研究——以河北白沟为例 [J]. 城市发展研究, 2010, 17 (11): 77-81.

[128] 郑胜华, 刘嘉龙. 世界休闲之都——21世纪杭州城市形象定位 [J]. 旅游学刊, 2002, 17 (1): 36-39.

[129] 周常春, 冯志成, 赵光洲. 论城市形象建设与城市经济社会可持续发展 [J]. 经济问题探索, 1998 (12): 50-51.

[130] 周朝霞. 基于多维视角的多纬度城市形象定位模式——以温州城市为例 [J]. 学术交流, 2006 (7): 78-81.

[131] 周萍. 西部地区城市形象的塑造与传播——以贵州省贵阳市为例 [J]. 当代传播, 2013 (2): 59-61.

[132] 周永博, 魏向东, 梁峰. 基于IPA的旅游目的地意象整合营销传播——两个江南水乡古镇的案例研究 [J]. 旅游学刊, 2013, 28 (9): 53-60.

[133] 朱辉煌, 蒋廉雄, 吴水龙, 等. 基于消费者心理认知的城市形象属性构面研究 [J]. 城市发展研究, 2009, 16 (4): 117-121.

[134] 朱惊萍, 董小麟. 城市营销与城市竞争力 [J]. 广东财经大学学报, 2007, 93 (4): 59-63.

[135] 庄德林, 伍翠园, 王春燕. 区域品牌化模型与绩效评估研究进展与展望 [J]. 外国经济与管理, 2014, 36 (9): 29-37.

附录1　针对中国人的北京城市品牌形象调查问卷

北京城市品牌形象研究

尊敬的女士/先生：

您好！

这是一份针对北京城市品牌形象的调查问卷。问卷采用无记名方式，请您在适当的选项上画勾，对不确定的问题您可以选择"中立"。您所填写的内容仅用于学术研究，您的信息我们将严格保密，敬请放心填写。本调查得到北京市社科基金项目"数字时代下北京城市品牌形象定位及传播研究"（项目编号：17GLC068）的资助，在此表示感谢！

一、北京的认知城市品牌形象

1. 北京的安全性高。

①完全不同意；②非常不同意；③不同意；④中立；⑤同意；⑥非常同意；⑦完全同意

2. 北京生态环境优美。

①完全不同意；②非常不同意；③不同意；④中立；⑤同意；⑥非常同意；⑦完全同意

3. 北京气候宜人。

①完全不同意；②非常不同意；③不同意；④中立；⑤同意；⑥非常同

意；⑦完全同意

4. 北京生活成本低。

①完全不同意；②非常不同意；③不同意；④中立；⑤同意；⑥非常同意；⑦完全同意

5. 北京的健康保健服务体系完善。

①完全不同意；②非常不同意；③不同意；④中立；⑤同意；⑥非常同意；⑦完全同意

6. 北京的教育资源丰富。

①完全不同意；②非常不同意；③不同意；④中立；⑤同意；⑥非常同意；⑦完全同意

7. 在北京可以邂逅有趣、奇妙的人与事情。

①完全不同意；②非常不同意；③不同意；④中立；⑤同意；⑥非常同意；⑦完全同意

8. 北京的文化娱乐生活丰富多彩。

①完全不同意；②非常不同意；③不同意；④中立；⑤同意；⑥非常同意；⑦完全同意

9. 北京交通便利、各类基础设施完善。

①完全不同意；②非常不同意；③不同意；④中立；⑤同意；⑥非常同意；⑦完全同意

10. 北京治理有方。

①完全不同意；②非常不同意；③不同意；④中立；⑤同意；⑥非常同意；⑦完全同意

11. 北京的职业选择丰富、就业前景广阔。

①完全不同意；②非常不同意；③不同意；④中立；⑤同意；⑥非常同意；⑦完全同意

12. 北京在中国与世界上的政治、经济等方面的地位很高。

①完全不同意；②非常不同意；③不同意；④中立；⑤同意；⑥非常同意；⑦完全同意

13. 北京的住房条件优越。

①完全不同意；②非常不同意；③不同意；④中立；⑤同意；⑥非常同

意；⑦完全同意

14. 北京出品的产品与服务声誉卓越。

①完全不同意；②非常不同意；③不同意；④中立；⑤同意；⑥非常同意；⑦完全同意

15. 北京的科技创新水平领跑中国。

①完全不同意；②非常不同意；③不同意；④中立；⑤同意；⑥非常同意；⑦完全同意

16. 北京商业潜力巨大。

①完全不同意；②非常不同意；③不同意；④中立；⑤同意；⑥非常同意；⑦完全同意

17. 北京国际化程度高。

①完全不同意；②非常不同意；③不同意；④中立；⑤同意；⑥非常同意；⑦完全同意

二、北京的情感城市品牌形象

下列问题用于描述您对北京的情感性态度。请在两个极端的形容词之间进行选择。①表示非常负面的情感；⑦表示非常正面的情感。

18. 我感觉北京是＿＿＿＿＿＿。

①不愉快的；②③④⑤⑥⑦愉快的

19. 我感觉北京是＿＿＿＿＿＿。

①令人沮丧的；②③④⑤⑥⑦令人兴奋的

20. 我感觉北京是＿＿＿＿＿＿。

①令人困倦的；②③④⑤⑥⑦令人激动的

21. 我感觉北京是＿＿＿＿＿＿。

①令人苦恼的；②③④⑤⑥⑦令人轻松的

22. 我感觉北京是＿＿＿＿＿＿。

①痛苦的；②③④⑤⑥⑦幸福的

23. 我感觉北京是＿＿＿＿＿＿。

①无趣的；②③④⑤⑥⑦有趣的

24. 我感觉北京是＿＿＿＿＿＿＿。

①招人讨厌的；②③④⑤⑥⑦讨人喜欢的

25. 我感觉北京是＿＿＿＿＿＿＿。

①无聊的；②③④⑤⑥⑦开心的

三、北京的意动城市品牌形象

26. 我愿意购买来自北京的产品与服务。

①完全不同意；②非常不同意；③不同意；④中立；⑤同意；⑥非常同意；⑦完全同意

27. 我愿意去北京旅游。

①完全不同意；②非常不同意；③不同意；④中立；⑤同意；⑥非常同意；⑦完全同意

28. 我愿意到北京求学，或者愿意让我的子女到北京求学。

①完全不同意；②非常不同意；③不同意；④中立；⑤同意；⑥非常同意；⑦完全同意

29. 我愿意在北京居住、工作和生活。

①完全不同意；②非常不同意；③不同意；④中立；⑤同意；⑥非常同意；⑦完全同意

30. 如果有机会，我愿意在北京进行投资。

①完全不同意；②非常不同意；③不同意；④中立；⑤同意；⑥非常同意；⑦完全同意

四、个人信息

31. 长久居住地（请填写省份与城市）：＿＿＿＿＿＿＿＿＿＿

32. 是否来过北京

①是；②否

33. 性别

①男；②女

34. 年龄

①20岁以下；②20～35岁；③36～45岁；④46～55岁；⑤55岁以上

35. 教育程度

①高中及以下；②大学专科；③大学本科；④硕士；⑤博士

36. 职业

①北京市公务员；②其他地区公务员；③企业管理者；④企业普通员工；⑤工人；⑥农民；⑦自己创业；⑧其他（请填写）：＿＿＿＿＿＿＿＿＿

37. 平均月收入

①3000元以下；②3000～5000元；③5001～8000元；④8001～10000元；⑤10001～20000元；⑥20001元～50000元；⑦50000元以上

附录2 针对外国人的北京城市品牌形象调查问卷

A Survey on Beijing's City Brand Image

Beijing's Cognitive City Brand Image

1. Beijing's safety is high.

①Totally Disagree; ②Strongly Disagree; ③Disagree; ④Neutral; ⑤Agree; ⑥Strongly Agree; ⑦Totally Agree

2. Beijing has beautiful ecological environment.

①Totally Disagree; ②Strongly Disagree; ③Disagree; ④Neutral; ⑤Agree; ⑥Strongly Agree; ⑦Totally Agree

3. Beijing has a pleasant climate.

①Totally Disagree; ②Strongly Disagree; ③Disagree; ④Neutral; ⑤Agree; ⑥Strongly Agree; ⑦Totally Agree

4. The cost of living in Beijing is low.

①Totally Disagree; ②Strongly Disagree; ③Disagree; ④Neutral; ⑤Agree; ⑥Strongly Agree; ⑦Totally Agree

5. Beijing has perfect health care service systems.

①Totally Disagree; ②Strongly Disagree; ③Disagree; ④Neutral; ⑤Agree; ⑥Strongly Agree; ⑦Totally Agree

6. Beijing has rich education resources.

①Totally Disagree; ②Strongly Disagree; ③Disagree; ④Neutral; ⑤Agree; ⑥Strongly Agree; ⑦Totally Agree

7. You can encounter with interesting and wonderful people and things in Beijing.

①Totally Disagree; ②Strongly Disagree; ③Disagree; ④Neutral; ⑤Agree; ⑥Strongly Agree; ⑦Totally Agree

8. Beijing has rich and colorful culture and leisure.

①Totally Disagree; ②Strongly Disagree; ③Disagree; ④Neutral; ⑤Agree; ⑥Strongly Agree; ⑦Totally Agree

9. Beijing has convenient transport and perfect infrastructure.

①Totally Disagree; ②Strongly Disagree; ③Disagree; ④Neutral; ⑤Agree; ⑥Strongly Agree; ⑦Totally Agree

10. Beijing's governance is good.

①Totally Disagree; ②Strongly Disagree; ③Disagree; ④Neutral; ⑤Agree; ⑥Strongly Agree; ⑦Totally Agree

11. Beijing has rich career choices and a broad range of employment prospects.

①Totally Disagree; ②Strongly Disagree; ③Disagree; ④Neutral; ⑤Agree; ⑥Strongly Agree; ⑦Totally Agree

12. Beijing enjoys a high status in politics and economy in China and the world.

①Totally Disagree; ②Strongly Disagree; ③Disagree; ④Neutral; ⑤Agree; ⑥Strongly Agree; ⑦Totally Agree

13. Beijing has good housing conditions.

①Totally Disagree; ②Strongly Disagree; ③Disagree; ④Neutral; ⑤Agree; ⑥Strongly Agree; ⑦Totally Agree

14. Which brands from Beijing are you familiar with? (Multiple Choice Quiz)

①Quanjude Peking Roast Duck; ②Tongrentang Chinese Medicine; ③Yanjing Beer; ④Lenovo; ⑤Baidu; ⑥JD.COM; ⑦Meituan.com; ⑧Daoxiang Village Tranditional Chinese Food; ⑨Xiaomi; ⑩CCTV; ⑪Sina; ⑫360 Security; ⑬Snow Beer; ⑭LI-NING

15. Which brands from Beijing have you used several times? (Multiple Choice Quiz)

①Quanjude Peking Roast Duck; ②Tongrentang Chinese Medicine; ③Yanjing Beer; ④Lenovo; ⑤Baidu; ⑥JD.COM; ⑦Meituan.com; ⑧Daoxiang Village Tranditional Chinese Food; ⑨Xiaomi; ⑩CCTV; ⑪Sina; ⑫360 Security; ⑬Snow Beer; ⑭LI-NING

16. Beijing's goods and services enjoy a good reputation.

①Totally Disagree; ②Strongly Disagree; ③Disagree; ④Neutral; ⑤Agree; ⑥Strongly Agree; ⑦Totally Agree

17. Beijing leads China in technological innovation.

①Totally Disagree; ②Strongly Disagree; ③Disagree; ④Neutral; ⑤Agree; ⑥Strongly Agree; ⑦Totally Agree

18. Beijing has huge business potential.

①Totally Disagree; ②Strongly Disagree; ③Disagree; ④Neutral; ⑤Agree; ⑥Strongly Agree; ⑦Totally Agree

19. Beijing is highly internationalized.

①Totally Disagree; ②Strongly Disagree; ③Disagree; ④Neutral; ⑤Agree; ⑥Strongly Agree; ⑦Totally Agree

Beijing's Affective City Brand Image

20. I feel Beijing is _____.

①Strongly Unpleasant; ②Moderately Unpleasant; ③Slightly Unpleasant; ④Neutral; ⑤Slightly Pleasant; ⑥Moderately Pleasant; ⑦Strongly Pleasant

21. I feel Beijing is _____.

①Strongly Gloomy; ②Moderately Gloomy; ③Slightly Gloomy; ④Neutral; ⑤Slightly Exciting; ⑥Moderately Exciting; ⑦Strongly Exciting

22. I feel Beijing is _____.

①Strongly Sleepy; ②Moderately Sleepy; ③Slightly Sleepy; ④Neutral; ⑤Slightly Arousing; ⑥Moderately Arousing; ⑦Strongly Arousing

23. I feel Beijing is _____.

①Strongly Distressing; ②Moderately Distressing; ③Slightly Distressing; ④Neutral; ⑤Slightly Relaxing; ⑥Moderately Relaxing; ⑦Strongly Relaxing

24. I feel Beijing is _____.

①Strongly Painful; ②Moderately Painful; ③Slightly Painful; ④Neutral; ⑤Slightly Happy; ⑥Moderately Happy; ⑦Strongly Happy

25. I feel Beijing is _____.

①Strongly Unenjoyable; ②Moderately Unenjoyable; ③Slightly Unenjoyable; ④Neutral; ⑤Slightly Enjoyable; ⑥Moderately Enjoyable; ⑦Strongly Enjoyable

26. I feel Beijing is _____.

①Strongly Unfavorable; ②Moderately Unfavorable; ③Slightly Unfavorable; ④Neutral; ⑤Slightly Favorable; ⑥Moderately Favorable; ⑦Strongly Favorable

27. I feel Beijing is _____.

①Strongly Boring; ②Moderately Boring; ③Slightly Boring; ④Neutral; ⑤Slightly Amusing; ⑥Moderately Amusing; ⑦Strongly Amusing

Beijing's Conative City Brand Image

28. I am willing to buy goods and services from Beijing.

①Totally Disagree; ②Strongly Disagree; ③Disagree; ④Neutral; ⑤Agree; ⑥Strongly Agree; ⑦Totally Agree

29. I am willing to travel to Beijing.

①Totally Disagree; ②Strongly Disagree; ③Disagree; ④Neutral; ⑤Agree; ⑥Strongly Agree; ⑦Totally Agree

30. I am willing to study in Beijing or I would like my children to study in Beijing.

①Totally Disagree; ②Strongly Disagree; ③Disagree; ④Neutral; ⑤Agree; ⑥Strongly Agree; ⑦Totally Agree

31. I would like to reside, work and live in Beijing.

①Totally Disagree; ②Strongly Disagree; ③Disagree; ④Neutral; ⑤Agree; ⑥Strongly Agree; ⑦Totally Agree

32. I am willing to invest in Beijing if given the opportunity.

①Totally Disagree; ②Strongly Disagree; ③Disagree; ④Neutral; ⑤Agree; ⑥Strongly Agree; ⑦Totally Agree

Personal Information

33. What is your country of permanent residence? (Please fill out the name of the country below) _____

34. Have you ever been to Beijing?

①Yes; ②No

35. You are _____.

①Male; ②Female

36. How old are you?

①Younger than 20 years old; ②20 ~ 35; ③36 ~ 45; ④46 ~ 55; ⑤Older than 55 years old

37. What is your highest level of education?

①Less than high school; ②Completed high school; ③Post-secondary (e.g. technical school); ④University/College, not completed yet; ⑤Completed University/College; ⑥Vocational/Technical training; ⑦Post-graduate studies (completed or not)

38. What is the yearly income of your family?

①Below $2000; ②$2000 ~ $4999; ③$5000 ~ $9999; ④$10000 ~ $19999; ⑤$20000 ~ $29999; ⑥$30000 ~ $39999; ⑦$40000 ~ $49999; ⑧$50000 ~ $79999; ⑨$80000 ~ $100000; ⑩Above $100000

后 记

本书的出版意味着我主持的北京市社科基金青年项目"数字时代下北京城市品牌形象定位及传播研究"（项目编号：17GLC068）的完成。

在该项目的申请过程中，有专家提问，既然北京已经确定了全国政治中心、文化中心、国际交往中心、科技创新中心的"四个中心"城市战略定位，为什么还要研究北京城市品牌形象定位？我回答说，"四个中心"是政府"规划的"北京城市战略定位，是一种"由内向外"的思维，而定位要基于"由外向内"思维；正如市场营销观念讲究"以顾客为中心"，城市品牌营销应该以利益相关者为中心。

北京要建设成为国际一流的和谐宜居之都，北京城市品牌建设的利益相关者包括：国内外居民、消费者、游客、学生、人才和投资者等。那么，北京在这些利益相关者眼中的真实城市品牌形象是怎样的？这是进行科学的北京城市品牌形象定位的基础。

在研究过程中，本书发现，对于代表北京"四个中心"城市战略定位的北京城市品牌形象的4个维度（政治经济地位、文娱、交往、科技创新），利益相关者的评价虽高，但却不重视。我们访谈了1000多位利益相关者，很多人并不关注"四个中心"，因为与他们的生活离得较远；有些人甚至表示，之前从来没有听说过"四个中心"。这表明对"四个中心"的传播力度不够、传播效果不佳；同时也表明，政府与城市品牌管理者想要塑造的"理想"城市形象与利益相关者心智中的真实城市品牌形象可能是不同的。

本书发现，北京城市品牌形象的决定性维度（国内外利益相关者均很重视，且评价较高）是"安全"与"教育"。围绕这两个维度，本书系统地提出了北京城市品牌形象定位钻石模型。

一开始，我想要研究使用社交媒体与利益相关者互动、共创价值，进行北京城市品牌形象传播的模式。社交媒体包括：微信、微博、在线社区与论坛等很多种。我们发现，如果考虑所有的社交媒体，那么研究不够聚焦、不够具体、可操作性不强。恰逢在进行研究的几年时间内，抖音、快手等移动短视频 App 异常火爆，成为发展最为迅速的社交媒体。据抖音总裁张楠透露，2019 年 1 月，抖音国内日活跃用户突破 2.5 亿，月活跃用户突破 5 亿。据艾瑞咨询的数据，2018 年短视频营销市场规模达到 140.1 亿元，同比增长率高达 520.7%。

然而，短视频营销的理论研究却很少。我们以"短视频营销"（short video marketing）与"短视频传播"（short video communication）为关键词进行搜索，发现优质文献凤毛麟角。可见，如何使用移动短视频进行城市品牌营销，这是一个潜力巨大的研究领域。

本书选择重庆、西安、广州、贵阳和南宁这 5 座抖音上的"网红"城市进行案例研究，提出了 SAT 北京城市品牌形象移动短视频传播"坐"字模型，并针对不同利益相关者提出具体的传播措施。

我希望本书对北京市政府与北京城市品牌管理者具有参考价值。

在本书的完成过程中，我得到了很多帮助，在这里致以最诚挚的谢意。

感谢北京市社科基金青年项目"数字时代下北京城市品牌形象定位及传播研究"（项目编号：17GLC068）、国家自然科学基金项目"爱恨交织，你愿意去旅游吗？——消费者敌意、善意和矛盾情感对消费者出国旅游决策的影响机制研究"（项目编号：71802005）、北方工业大学毓优人才培养计划项目"面向冬奥会的北京城市品牌建设研究"（项目编号：20XN189/015）、北京城市治理研究中心资助项目"新冠肺炎疫情与北京城市品牌管理研究"（课题号：20XN245）、北方工业大学青年拔尖人才项目"基于互联网的品牌创新研究"（项目编号：19XN135）、2019 年"高创计划青年拔尖"项目（401053712008）、北方工业大学优势学科项目资助出版。

感谢两位大师：Al Ries 和 Jack Trout，他们的经典名著《定位》（Positioning: The Battle for Your Mind）让我养成了"由外向内"思维，明白了"市场营销要以顾客心智作为主战场"的道理，懂得了市场营销的精髓就是要做到"与众不同"。本书是定位理论在城市品牌营销领域的应用。

感谢北方工业大学经济管理学院院长赵继新教授，感谢北方工业大学经济管理学院企业管理硕士点责任教授张欣瑞教授。在本书所依托的北京市社科基金项目的申请阶段，他们提出了很多引人深思的问题。

感谢北方工业大学硕士生王琦。她主要负责本书第四章第二节与第六章的撰写。在本书的撰写过程中，我们每周进行交流，她给了我很多灵感，使本书的完成更加顺利。

感谢知识产权出版社的江宜玲编辑。她对本书倾注了无限的热情，提出了很多智慧的评论与宝贵的修改意见。

感谢"老212"办公室的同事们，他们是：陶晓波、纪雪洪、童泽林、许研、吴丹、涂剑波和罗文豪。"老212"办公室学术氛围浓厚，见证了3位教授的晋升、4位副教授的晋升、6项国家级课题的申报成功、9项重要省部级课题的申报成功，以及无数优秀学术成果的诞生。和这些优秀的同事共事，是我不断在学术之路上前进的重要动力。

最后，感谢我的家人，科研工作让我减少了陪伴你们的时间，感谢你们多年来对我的宽容、理解和支持。

杨一翁

2019年6月24日于北方工业大学经济管理学院

2019年8月11日修订

2020年5月24日再次修订